U0468022

图解世界地理

GU CHENG BAO DE FU HUO JI　赵喜臣◎编著

古城堡的复活记

吉林出版集团有限责任公司　全国百佳图书出版单位

前言
PREFACE

　　世界地理是我们全面认识地球的一个重要窗口。地球是我们人类赖以生存的摇篮，为我们创造了许许多多的绝妙景色，简直美不胜收，那么我们从哪里着眼看起呢？怎样才能看得更加全面和认识得更加深刻呢？

　　河流是地球陆地表面上经常或间歇有水流动的线形天然水道，是地球的血脉。河流较大的称江、河、川、水，较小的称溪、涧、沟、曲等。每条河流都有河源和河口，而河源是河流的发源地，有的是泉水，有的是湖泊、沼泽或是冰川，各条河的河源情况虽然不一样，但都是河流的生命之源；河口是河流的终点，或流入海洋、干河、湖泊或沼泽等地方。

　　河流无论起源哪里，还是流到哪里，都是展开的浓墨重彩的画卷，或者滚滚波涛冲起汹涌奔腾的壮丽大河，或者碧波青青汇成千里如镜的秀美湖泊，或者湍湍激流荡起倾泻而下的飞流瀑布，都给我们如诗如画的美感。

　　无论是巍峨挺拔、连绵起伏的山脉，还是高耸入云、白雪皑皑的山峰，或者是深山幽谷、深涧大峡的山谷，都充满了阳刚之美，都能给我们气势磅礴的震撼。

　　在地球的表面，高低起伏悬殊，形态变化多端，表现出自然的大美之景：澄澈干净、千年结淀的冰川；烈焰喷射、熔岩滚流

的火山；茫茫戈壁、广袤无垠的沙漠；碧野千里、芳草连天的草原；古木参天、层林尽染的森林，等等。

总之，地球是我们人类赖以生存的摇篮，我们每天享受着地球所带给的一切，然而又有谁能够清楚地知道地球究竟是什么样子呢？整个地球可谓是千姿百态，绝妙之美，使我们对地球感到既熟悉又陌生，我们须漫游地球，重新认识地球。

地球可谓是个大花园，除了自然地理之美外，还有人文地理之美，这就更是具有深沉意义之美了。我们人类生活在地球之上，除了享受地球带给我们的美，我们也创造了许许多多的美，包括建筑、名胜、古迹等具有人文内涵的美，使得自然地理和人类社会更加丰富多彩了。

世界地理从自然到人文，所蕴藏的奥妙与绝美，那简直是无穷无尽。从地表到地核，从沙漠到海洋，从高山到河流，真是无奇不有，美丽无限。

为了普及科学知识，激励广大读者认识和探索地球无穷魅力，根据中外最新研究成果，特别编辑了本套丛书，主要包括世界自然河流、湖泊、瀑布、冰川、火山、沙漠、草原、森林、物种等，还包括人文的桥梁、建筑、名胜、古迹、古堡、古城、古墓等方面的内容，具有很强系统性、科学性、可读性和新奇性。

目 录
CONTENTS

秦始皇陵墓是否被毁 ……… 006

神秘难寻的赵佗墓 ………… 012

饱受争议的曹操墓 ………… 018

各地都有的扁鹊墓 ………… 028

谜团重重的西夏王陵 ……… 034

曾侯乙墓之谜 ……………… 042

跨国的杨贵妃墓 …………… 048

简单易盗的南宋皇陵 ……… 054

成吉思汗墓的千古之谜 …… 060

清东陵墙外的昭西陵 ……… 068

曹雪芹墓石的真伪 ………… 076

北京公主坟里的公主 ……… 082

没有尸主的埃及金字塔 …… 086

金字塔里的神秘通道 ……… 096

金字塔与外星人 102

金字塔的众多谜团 108

独特的美洲金字塔 124

墨西哥的死亡金字塔 130

木乃伊的水晶起搏器 136

扑朔迷离的亚历山大墓 140

豪华的奈费尔塔里王后陵 .. 150

秦始皇陵墓是否被毁

烧毁秦始皇陵事件

深埋地下的秦始皇陵真的是保存得非常完好吗？在秦朝灭亡之时被项羽烧毁了的史籍记载是真的吗？这些都是史学界一直探究，而又不得其解的谜。

许多史籍中都曾记载：秦末的农民起义推翻秦朝后，西楚霸王项羽占据着秦都。他命人掘开了秦始皇的陵墓，盗运陵中的

财宝。据说他调集了30万人从地宫中向外运了30天也没运完。当时，寻找羊只的牧羊人用火点燃了皇陵地宫，秦始皇陵毁于大火。这种说法历来为史学家所接受。

是否被盗的论争

可是，在经历了2000多年的风风雨雨之后，在20世纪70年代，震惊世界的古代军阵，秦兵马俑出土问世，而后又是令世人都为之叹服的精美铜马车回到人间，这一连串珍贵的考古发现，引起了历史学家和考古工作者的怀疑：秦始皇陵真的被毁掉了吗？

一些科学家用地球化学研究中使用的汞测量技术测出了秦始皇陵地宫位置的中心有汞含量异常高的反应，测算估计超过正常土层含汞量的280倍。而在这种反应现象的土层分布面积达12000多平方米。

科学家们认定：这种汞含量异常是人工灌注水银，造成水银蒸发，经过漫长的岁月积聚形成的。而在《史记》中确实记录了秦始皇墓中"以水银为百川江河大海"的情况，这和现在的发现正好吻合。

历史学家们据此推测：如果当年项羽真的烧毁了秦始皇陵的

古城堡的复活记

地下宫殿，那么，汞早就挥发干净了，现在的这种汞异常现象也就不会出现。因此，一些学者对传统的说法提出了质疑。

学者们经过考察发现，历史上曾有很多人怀疑过秦始皇陵被烧毁的说法。最早记载项羽盗秦始皇陵的《史记》也不过是通过刘邦的口叙述这件事的，而在《史记》中的《秦始皇本纪》和

《项羽本纪》中却又对此事只字未提。看来，司马迁本人也不太相信这个说法。和其他的后来争议不止的历史问题一样，秦始皇陵墓被毁一事的细节是被西汉几百年以后的历代史学家们完善和丰富的。

在秦始皇陵墓的封土下出土的铜马车，经过鉴定后，考古学家认为：铜马车上出现的破损是坑顶的自然坍塌造成的。马车上大量的金银饰物没有缺一少半，不像是劫后余生之物。这些发现都在证明秦始皇陵并未被盗。

没有最终的定论

至今为止，其他地方没有发现被认定是秦始皇陵墓里的文物。这也像是在给后人传递着这种信息：秦始皇坟墓可能仍然完好无损地沉睡在地下。

但是，今天也有一些专家对上面的希望抱有怀疑。他们认

为：不能轻易地下结论，认定秦陵地宫保存完好。汞异常现象和其他可疑现象有可能是墓中其他物质的理化反应造成的。

2000多年来史学家对此异口同声，也是不容忽视的。因为其中很多人都被历代史学家认定是治史严谨的。看来，真正解开谜底，只能等待秦始皇陵被打开的那一天。

拓展阅读

近年来阿房宫考古发掘表明，秦始皇与秦二世在位时兴建的阿房宫是没有建成的，阿房宫遗址中也未发现火烧的遗迹，这与《史记》中"阿房宫未成"以及书中没有"项羽火烧阿房宫"的记载是相吻合的。

神秘难寻的赵佗墓

赵佗开创"南越国"

赵佗是秦朝的著名将领，也是西汉时期的南越国的开国之王。公元前219年，被封副帅随主帅任嚣率领50万大军征战岭南。公元前204年，创立南越国，自号"南越武王"。公元前195年，汉高祖正式分封他为南越王。吕后时期，汉越矛盾激化，吕

后发兵南下攻打南越。他发兵抵抗，并反攻到湖南一带。最后，即位称帝，号为"武帝"。

开国之始，他奉行"和集百越"的民族政策，尊重越人的风俗，鼓励汉、越杂处，任用越人首领。他重视传入中原汉文化和先进生产技术，并融合越地社会，使岭南生产发展，人民安居乐业。从任嚣、赵佗开始，岭南有了人类文明的标志——城堡和文字，发展冶铁业，社会经济发展进入了新的历史时期。

神秘难寻的赵佗墓

在南越国近百年的历史中，赵佗本人就在位67年。他近百岁时才逝世，死后被安葬在南越国的国都番禺。据有关史料记载，赵佗在世时搜刮了大量奇珍异宝，死后又将它们都带入了坟墓。而且，他在世时，就对自己的后事做了缜密的安排。所以，他的墓藏是一个极大的秘密。

他没有随当时的习俗使自己的陵墓外观雄伟显赫，而是利用山势暗造地穴，在地面上没有留下丝毫痕迹。为避免被掘坟盗墓而做到万无一失，他还大设疑冢。甚至连他的死后出葬都做了精心

布置，灵柩车从四门而出。至于入土地点，在当时就是个高度机密，几乎没有人知道他的墓在哪儿。这样后人就很难找到他的墓。

　　传世的各种史料对他的陵墓的位置的记载大多来自推测，所以各不相同。明代《广东通志》中说："赵佗墓在县东北八里"，又说："在禹山"；《南越志》中记载："赵佗墓就在自鸡笼岗起至广州附近的连冈山岭之地"；晋代的《广州记》中却又说："赵佗墓在城北，墓后有马鞍岗"；在各个时期的地方志

中，有的说它在白云山上，有的写它在越秀山下，真是众说纷纭，使人无所适从。

由于赵佗墓的考古价值甚高，加上巨大的奇珍异宝墓藏的吸引，从东汉末的三国时候起，2000多年来一直有无数的人倾力于寻找赵佗墓。史料中记载："三国时的东吴之主孙权，就曾派吕瑜带领着几千兵卒访掘赵佗墓，想要找到巨额珍宝。他们在岭南凿山破石，掘地三尺，几乎挖遍了广州附近的大小岗岭，最终都

一无所获。"

发现赵佗儿孙的陵墓

不过，也有史料记载："孙权当时并非一无所获，他的手下找到了赵佗之孙，直越明王赵婴齐之墓。从中获得了珠襦玉匣3个、金印36枚，还有一枚皇帝信玺，和一枚皇帝行玺以及私印3枚，还出土了3把铜剑，就是著名的钝钩、干将和莫邪剑。它们都装在杂玉制成的剑匣内。"只是由于年代久远，这些文物后来又去向何方，已经无法查寻。所以，也不知此记载的真伪。

1983年，我国考古工作者在广州象岗发掘出了南越国第二代王赵眜的陵墓，墓中出土了3枚金印，其中一枚象征着权力威望的龙钮"文帝行玺"，重达1485克，印钮是一条传神生动的游龙。它是目前所见最大的一枚西汉金印。而赵眜下葬时也身穿"丝缕玉衣"，是用丝带把2291多片玉片编织到一起制成的。这和婴齐

墓中，"珠襦玉匣3具，金印36枚"等记载十分相似，可见古人所言不虚。

可是，历代的寻墓人已经踏遍了广州附近的白云山、鸡笼岗、马鞍岗等无数山冈，赵佗墓仍然深藏地下不为世人所识。

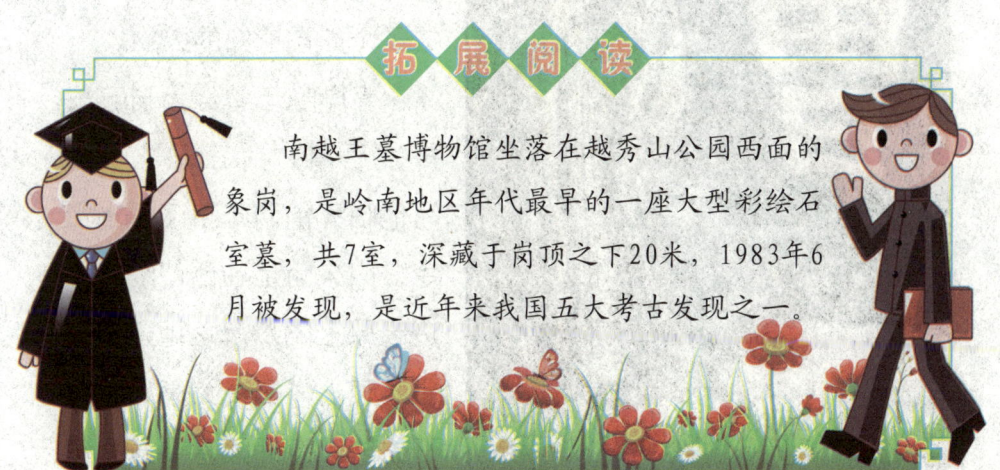

拓展阅读

南越王墓博物馆坐落在越秀山公园西面的象岗，是岭南地区年代最早的一座大型彩绘石室墓，共7室，深藏于岗顶之下20米，1983年6月被发现，是近年来我国五大考古发现之一。

饱受争议的曹操墓

曹操陵墓的两种说法

三国时代魏国的开创者曹操，是个争议极大的人物。他生前没有做成皇帝，死后才被追封为魏武帝。

陈寿写的《三国志》称誉他是"非常之人，超世之杰"。而罗贯中写的《三国演义》却称他为"奸雄"。

根据《三国演义》改编的三国戏，也把他刻画成一个大白脸的奸臣形象，使他成了个妇孺皆知的人物。

曹操晚年曾经为自己安排过后事，《三国志》中写他临死前两年下了一道命令，叫人为他在西门豹祠西边高原上的瘠薄之地建造一座寿陵，"因高为基，不封不树"，意即陵墓要建在高

地上，地面上不要堆起高高的坟头，也不要做什么记号。

　　《三国志》还讲到，220年正月，曹操死于洛阳。2月，葬于高陵。这高陵可能就是指西门豹祠西原上已建造好的寿陵。而《三国演义》中讲到曹操临死时的遗嘱却有另一种说法，他叫人于彰德府讲武城外设立疑冢72座，不让后人知道他的遗体葬在什么地方，怕有人去掘他的墓。

　　《三国演义》虽然是部小说，但是它主要是根据裴松之的《三国志注》写的，只是做了些文学加工，内容是七分纪实，三分虚构。

　　那么，它对曹操死后的陵墓记载，就不能不考虑到具有一定的真实性。这样，对曹操陵墓的记载便有了不同的说法：一是西门豹祠西原上，号称高陵；一是彰德府讲武城外，有疑冢72座。

探寻曹操陵墓

　　按照《三国志》中的说法，曹操的陵墓是在西门豹祠的西原

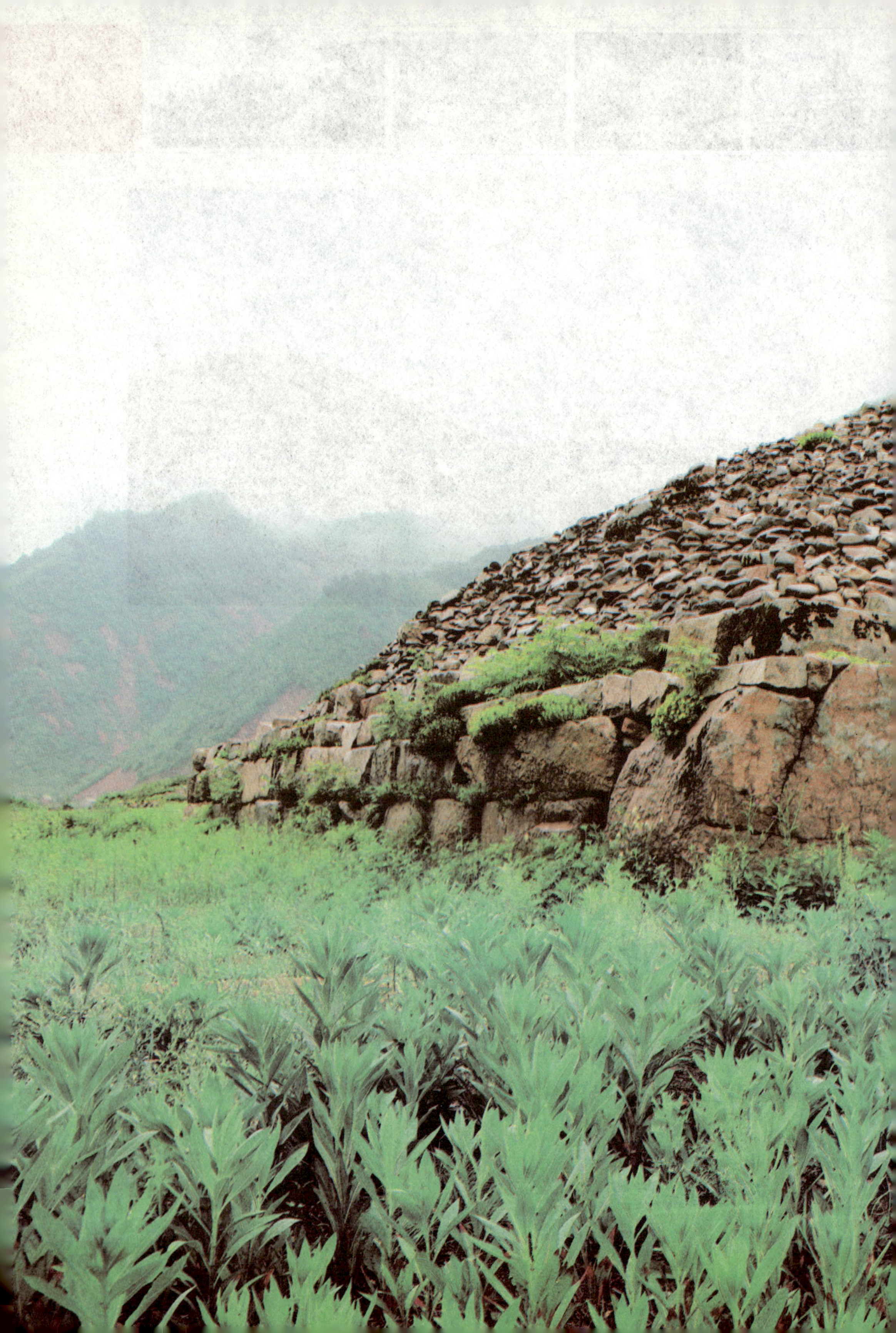

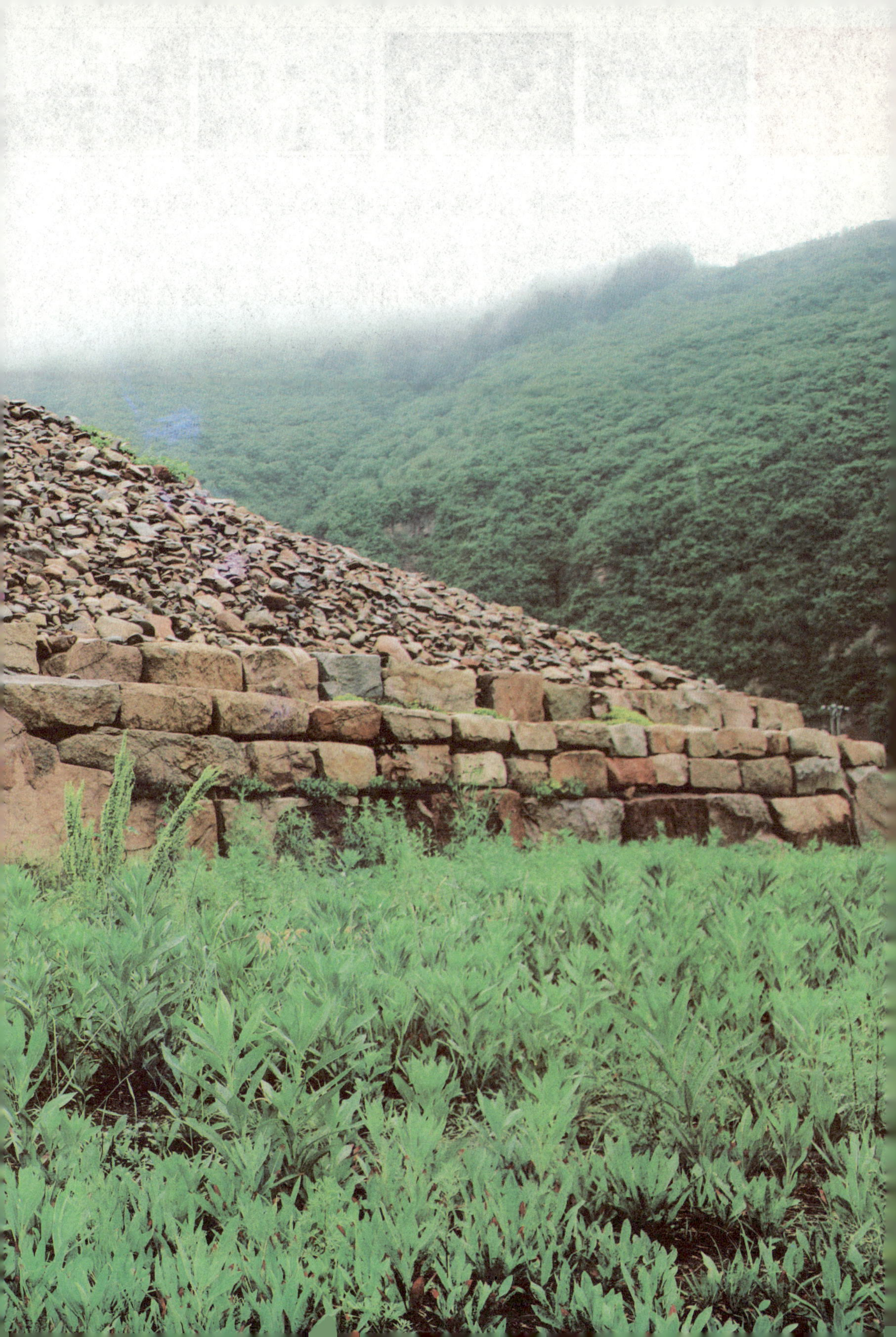

上，那么要想弄清曹操的陵墓究竟在哪里，首先应当弄明白西门豹祠和彰德府的所在地。

历史上有西门豹治邺的记载，所以西门豹祠一定是在邺城，即曹操被封为魏王时的都城，也就是今天河北与河南交界处的临漳。而彰德府，其实在三国时并没有这个地名，它是金朝时才有的，即今天河南省与河北省交界处的安阳市。临漳与安阳，今天分属于河北、河南两省，是紧挨着的。

古代还没有分省的时候，那两个地方多数时候称为邺城，到金朝则称彰德府。说来说去，邺城和彰德府其实是一个地方。

因为西门豹治邺给邺城一带的老百姓带来了很大好处，所以今天临漳一带，也包括今天的安阳市一带，有许多西门豹祠。但究竟是哪一所西门豹祠却很难确定，因为那是一座"不封不树"，什么记号也没有的陵墓，要想找到它是很难的。

有人认为曹操虽然在生前规定他的陵墓"不封不树",但是他的儿子曹丕等人安葬他的时候,为了上坟祭祀的需要,不可能一点记号也不做,难道把他埋了以后就什么也不管了?这恐怕有些不近情理,也不符合中国人"慎终追远"的孝道。

安阳曹操墓的真假

2008年,河南省文物局拟对安阳县境内一东汉大墓进行抢救性发掘。2008年12月,经报国家文物局批准,河南省文物局组织河南省文物考古研究所开始进行发掘工作。

2009年12月27日,河南省文物局公布,高陵经考古发掘得到确认,其位于河南省安阳县安丰乡西高穴村南,最终得到确实就是曹操墓。

由于该墓葬西面是砖场取土区,墓扩西部填土被下挖约5米,

使其局部暴露出来，引起多次盗掘。这座东汉大墓，曾多次被盗掘，但仍幸存一些重要的随葬品。

据统计，出土器物250余件，包括金、银、铜、铁、玉、石、古、漆、陶、云母等多种质地。器类主要有铜带钩、铁甲、铁剑、铁镞、玉珠、水晶珠、玛瑙珠、石圭、石壁、石枕、刻名石牌、陶俑等。

其中刻铭石牌共出土59件，有长方形、圭形等，铭文记录了随

葬物品的名称和数量。

极为珍贵的有8件，分别刻有"魏武王常用虎大戟"、"魏武王常用虎短矛"等铭文。

在追缴该墓被盗出土的一件石枕上刻有"魏武王常用慰项石"铭文，这些出土的文字材料为研究确定墓主身份提供了重要的、最直接的历史依据。

同时，该墓还出土有大量画像石残块。这批画像石画工精细

娴熟，雕刻精美，内容丰富，有"神兽"、"七女复仇"等图案，并刻有"主簿车"、"咸阳令"、"纪梁"、"侍郎"、"宋王车"、"文王十子"、"饮酒人"等文字，为汉画像石中罕有的精品。

在墓室清理当中发现有人头骨、肢骨等部分遗骨，专家初步鉴定为一男两女3个个体，其中墓主人为男性，专家认定年龄在60岁左右，与曹操终年66岁相近，推测是曹操的遗骨。

一直以来，安阳曹操墓的真假饱受质疑，而不断公布的对墓中出土石质文物研究结果，成为曹操墓身份证明的有力证据。

著名考古专家、中国社科院考古研究所研究员刘庆柱表示，曹操墓出土的石牌等石质文物，是一种非常特殊的石灰岩，学名叫做鲕状灰石，这种石头经过几亿年才能形成，自然界非常难找，"造假"几乎是不可能的。

目前，在主墓的周边又新发现6座陪葬墓，而曹操口含的水晶珠也已鉴定为稀世翡翠。

拓展阅读

汉朝的开国皇帝刘邦墓位于陕西省咸阳市东约20千米的窑店镇三义村北。墓址选在咸阳原的最高点，即秦咸阳宫的旧址之上，南与未央宫隔河相望，北倚九山，泾渭二水横贯陵区，在此可俯瞰长安城全景。

各地都有的扁鹊墓

医术高超的扁鹊

根据史籍记载：扁鹊的本名叫秦越人，是齐国渤海郡人。他的医术师承长桑群，由于他刻苦钻研，达到了博精相辅、享誉天下的至高境地。他对各科医术都十分擅长，而诊脉是最为有名的。

扁鹊，是一位对中医学的形成和发展作出过决定性贡献的大医学家。他一生倡导和推崇脉学，反对巫医骗术，这不但在当时

难能可贵，而且对后世影响深远。直至今天，中医界仍把他提出来的脉学原理奉为经典。

扁鹊墓究竟在哪里

因为扁鹊的医术太高，名声太大，所以，引起了小人的妒忌。当时的秦国太医令李醯，自知医术难比扁鹊，却又不愿名落他人之后，于是，便雇佣刀手，刺杀了扁鹊。可惜，这样一位医学巨人，竟然死于非命。而史学家对他的后事并无记录，导致了扁鹊的后事成为千古之谜。在过了近千年的时间以后，关于扁鹊的墓地的种种说法却出现了。

在河南省汤阳县，有扁鹊的墓和祠。据传说，这里原来是一道名为伏道冈的山冈。伏道冈的名字就来自于扁鹊当年被"庸医恶其胜己，伏于道侧，谋而杀之"的缘故。这些至今尚存的墓和祠，没人能说清楚它们立于什么时代，只是墓旁的各种碑刻都是

元代以后各朝刻上去的。

　　在山西省永济县清华镇，也有扁鹊的祠和墓。墓前有一对石羊及宋、明时代的碑刻。墓的周围还保存着完整的石墙。永济是战国时的解虞，扁鹊曾经在此行过医。不过，同样没人能说清，墓和祠是什么时代建立的。

坐落再山东济南北郊鹊山西麓的扁鹊墓，墓前石碑署"春秋卢医扁鹊墓"。鹊山之名就来自神医扁鹊。传说扁鹊曾在山上炼制丹药，死后就葬在了此山脚下，因此山以人显，遂改为了鹊山。扁鹊葬于鹊山的传说事过2000多年，口耳相传。

在河北邢台内丘县西，有扁鹊庙，相传扁鹊被害于秦，虢太

子千方百计把扁鹊的头颅从秦国找回，葬在邢台内丘的蓬山，并立庙祭祀，由此这个山村便更名为"神头"。

据《内丘县志》记载，扁鹊庙汉唐有之，始建不详。自汉至今，历代均有修葺，现存为元代建筑，是全国最早、最大、最著名的纪念扁鹊的古建筑。

除了以上说法之外，还有其他的不同说法。在山东济南市西郊，原长青县志载，"今卢地有越人墓。"秦越人墓，即扁鹊也。在陕西临潼县东北15000米南陈村，相传扁鹊被害于此，就地掩埋的。相传还有河北的任丘等。

没有最终的定论

因为年代久远，难以考证以上各种说法的真伪。而且陕西、山西、山东、河南、河北诸省在春秋战国时代，分属秦、韩、齐、魏、赵各国，正是历史上记载的扁鹊行医周游时经过的地方。而谋害他的人，也可能在任何地方下手。

前无记载，后无依据，谁也无法辨别哪一座扁鹊墓是真。可能当年他曾行医治病的地方的百姓感怀其德，修衣冠冢纪念他，因而造成了今天扁鹊墓各地都有的局面。

拓展阅读

扁鹊行医周游列国，被害于何地也是一谜，多传是被害于临潼。扁鹊在祖国医学史中享有崇高的地位，2000多年来一直受到人们的敬仰，在他的故乡和全国许多地方建庙立碑来祭祀纪念他。

谜团重重的西夏王陵

"东方金字塔"西夏王陵

西夏王陵位于宁夏回族自治区银川市西约30千米的贺兰山东麓,是我国现存规模最大、地面遗址最完整的帝王陵园之一。它是西夏王朝的皇家陵寝。1988年,被国务院公布为全国重点文物保护单位、国家重点风景名胜区,被世人誉为"神秘的奇迹"、"东方金字塔"。

西夏是党项族建立的封建政权，在1038年至1227年的190年中，先后跟北宋、南宋相对峙。根据考古工作者在1927年至1975年对王陵中第八号陵墓发掘所获得的文物资料，结合有关史书中的记载来看，可以知道西夏王国具有严密的政治制度、比较完备的法律和独树一帜的西夏文字，是西北地区一个比较强大的封建王朝。

　　3世纪，成吉思汗结束了蒙古草原上长期分裂的局面，蒙古迅速兴起并日渐强大，开始对外扩张和掳掠，首当其冲的便是西夏。22年间，蒙古先后6次伐夏，其中成吉思汗4次亲征。

　　1227年，成吉思汗包围夏都兴庆府达半年，威震四方的成吉思汗虽战无不胜，讨伐西夏却遭西夏人拼死抵抗、陷入苦战之局，蒙古军队付出了极其惨重的代价。经过一番血雨腥风，蒙古大军集中兵力攻下了西夏都城兴庆府，四处抢掠、大肆屠杀，铁骑所到之处，白骨遍野。

035

经历189年的西夏王朝灭亡了，党项族也从此消失。只有贺兰山下一座座高大的土筑陵台——西夏陵，仍然默默矗立在风雨之中，展示着神秘王朝的昔日辉煌。

西夏王陵的范围东西宽约4000米，南北长约10000米。在这个约40平方千米的陵园里，8座王陵及其附属的70多座陪葬墓，按时代先后，依山势由南向北顺序排列，形成了一个整齐的墓葬群。每座王陵占地约10万平方米，都舍弃贺兰山的石头不用，一律用夯土筑成。原先都有自己的阙门、碑亭、月城、内城、献殿、内外神墙、角楼等附属建筑。由于年深月久，如今每座陵墓的附属建筑多已毁坏，但是陵墓的主体依旧巍然挺立，向人们显示着西夏王国的历史风貌。

西夏王陵的四大谜团

谜团一：8座西夏王陵为什么没有损坏？王陵的附属建筑都已

毁坏了，但以夯土筑成的王陵主体却巍然独存。根据年代推算，最早的一座王陵距今约900年，最晚的一座也超过了700年。

有的人认为西夏王陵的平面总体呈纵向长方形布局，主要是夯土实心砖木混合密檐结构。正是西夏王陵通过这种夯土方法和砖木混合密檐结构相结合，创造出我国园陵建筑中别具一格的形式，坚固实用这也就是王陵主体依旧巍然耸立的原因之一。可是，许多砖石结构的建筑已经由于风雨的侵蚀而倾毁倒塌了，更何况是夯土建筑。

有人则认为是王陵周围原有的附属建筑保护了王陵主体，使它免受了风雨的侵袭。可是那些附属建筑有的早已不存，很难说它们起了保护王陵主体的作用。

还有人认为王陵在贺兰山东麓，西边的贺兰山就是王陵的一道天然屏障，为它们挡住了西北风的侵袭。可是王陵主体和附属建筑同样都在贺兰山的屏障之下。为什么附属建筑都已毁坏而王陵主体却安然无恙呢？

谜团二：王陵上为什么不长草？贺兰山东麓是牧草丰美之

地，西夏王陵的周围也多是牧民放牧牛羊的好地方，可是唯独陵墓上寸草不生。有人说陵墓是夯土筑成的，既坚硬又光滑，所以不会长草。可是石头比泥土更坚硬，只要稍有裂缝，落下草籽，就能长出草来，陵墓难道连一点儿缝隙也没有吗？

有人说当年建造陵墓时，所有的泥土都是熏蒸过的，失去了使野草得以生长的养分，所以长不出草来。可是熏蒸的作用能持久到将近千年吗？陵墓上难免有随风刮来带有草籽的浮土，这些浮土是未经熏蒸的，为什么也不长草呢？

谜团三：王陵上为什么不落鸟？西北地区人烟比较稀疏，鸟

兽比人烟稠密地区相对要多一些，尤其是繁殖力较强的乌鸦和麻雀遍地皆是。乌鸦落在牛羊背上，落在树上和各种建筑物上，麻雀更是落在一切可以让它们歇脚的地方，可是它们唯独不落在王陵上。有人认为王陵上光秃秃的，没有什么可吃的东西，所以不落鸟类。可是有些光秃秃的石头或枯树枝上，也没有什么可吃的东西，为什么常会落下一大群乌鸦和麻雀呢？难道鸟类也知道封建帝王具有权威而不敢随便冒犯吗？

谜团四：西夏王陵的布局有些令人不解。王陵按照时间顺序或者说帝王的辈分由南向北排列，但是每座王陵的具体位置的安

排似乎又在体现着什么事先设计好了的规划。如果从高空俯视，好像是组成了一个什么图形。

有人说那可能是根据八卦图形定的方位，也有人说那是根据风水安排的。可是最早一个国王的逝世到最后一个国王的逝世，时间相差近200年，怎能按照八卦来定方位呢？事先谁能估计到西夏王国要传8代王位呢？

再说，西夏是党项人建立的政权，党项是古羌族的一支，难道他们也崇拜八卦和相信风水吗？总之，无论是考古专家还是历史学者，都难以解释王陵的格局呈八卦图形的缘由，这其中蕴含那些秘密，一直都是难以被今人识破的秘密。

等待新的发现和考证

西夏王朝给后人留下的谜底，几乎无法从《党项传》和《西

夏传》等一些典籍资料中获得一点蛛丝马迹。人们只能从那些废弃的建筑，埋藏的出土文物和残缺的经卷上去探寻这个古老王朝的蛛丝马迹。

拓展阅读

被称为"高原金字塔"的热水古墓群，坐落在察汉乌苏河北岸山前洪积扇平台上。它共有大小古墓2000余座，出土文物十分丰富，其中织锦袜、丝织品极为珍贵，是我国1996年十大考古重大发现之一。

曾侯乙墓之谜

神奇墓葬被发现

1977年9月底，湖北省随州市曾都区城郊擂鼓墩驻军，原武汉军区空军后勤雷达修理所进行扩建营房。在一天上午，随州市曾都区南郊擂鼓墩7组的20多位村民和往常一样挖土。挖着挖着，有个民工在离地面约两三米深的地方，忽然发现了20余件青铜器。

这些青铜器，有的像罐子，上面有盖；有的像香炉，带3只脚；有的是长方形样子，带4只脚；还有的如灯座形状，带有箭头。大的几千克重，小的只有几十克重。因为土质较松，他挖得很是小心，所以这些青铜器出土时基本上都完好无损。

收工后，这个民工把自己的棉布褂子脱下，将挖出的东西分两大包包好，准备背回去。由于两包东西又大又沉，很是惹眼，被部队的监工看见了，忙叫他将东西放下来检查。监工看了看，见不是部队的东西也没有说些什么。

就这样，这个民工把东西背回了家，放在院子里，叫家人看着，说不要让别人给拿走了。当时，这个民工自己也不知道这是些什么玩意儿。但是，消息不胫而走，一些乡邻纷纷跑到他家来看稀奇。后来，这个民工意识到这些都是文物，应该上交国家。

于是，他就把这些青铜器全部交给了部队的同志带走了。

后来，在东团坡山冈上开山平地时，突然挖出一片同地面颜色大相径庭的"褐土"。空军后勤雷达修理所副所长解德敏爱好考古，凭直觉他猛然意识到，出现如此大面积的异常土层，可能地下有古墓。于是，他立即向当时的随县县委汇报了情况。

同年3月，接到报告的湖北省博物馆考古队队长谭维四，迅速率领勘察组赴随州实地勘测。有了初步的勘测结果，立即向国家文物局作了汇报。1978年5月，经国家文物局批准，在湖北省文化厅的主持下正式对曾侯乙古墓进行了发掘。

奇妙乐器的迷宫

1978年5月至6月间，考古人员触摸到第一个文字证明的时候，神秘大墓的主人浮出水面，他就是古曾国的国君——曾侯

乙。1978年5月23日午饭时分，曾侯乙墓发掘现场，抽水机还在抽取墓穴里的积水。当积水终于排干，墓葬中室的景象立刻吸引了所有人的目光。65个青铜的编钟整齐地挂在木头的钟架上，仿佛刚刚被埋入地下。

2400多年来，它一直稳稳地站立在原地。这是世界考古史上绝无仅有的一幕，也是擂鼓墩古墓出土的最瑰丽的珍宝。编钟沿中室的西壁和南壁呈曲尺形立放，总长度超过10米。

如果说实物乐器可以使我们清晰地知道古代乐器的真实面貌，那么这些沉睡了2400多年的乐器能否发出声音？即使能发出声音，是否还是2400余年前的那个原音呢？

曾侯乙墓中"交响乐团"使用的整套编钟，经过音乐工作者的研究和试验性演奏，证明它虽在地下埋藏了2400多年，音乐性能不仅依然保存，而且仍然很好，音色优美，音域很广。出土的

编钟，真可谓我国古代音乐艺术的瑰宝，是华夏之邦优秀的民族音乐财富。

神秘的曾侯乙

曾侯乙，姓姬名乙，生卒年不详。据考古发掘推定，大约生于公元前475年，卒于公元前433年，现有文献资料鲜见其生平记载，是战国时期南方曾国的国君。对曾侯乙墓葬发掘时，出土了大量珍贵文物，这些文物的文字材料说明，曾侯乙是一位名乙的曾国诸侯王。周朝在随国、曾国都封有同姓诸侯。

1979年，在随州市郊义地岗季氏梁一座春秋中期的墓葬出土两件铭文铜戈，器主季怡为曾国公族、曾穆侯之子西宫的后人。铭文中季怡自称"周王孙"，证明曾侯本是周王的宗支。

据此推断，曾国为姬姓封国，作为其国君的曾侯乙与周天子

同姓毋庸置疑，故曾侯乙也可称为"姬乙"。值得注意的是，历史文献很少有对曾国的记载，常用随来指代它，如"江东之国，随为大"。据猜测，随可能是曾国重要的城市，如国都之类。历史上，这种用都城指代国家的例子也不罕见。

从楚惠王送给他的一件青铜镈上的31字铭文看，曾侯乙死于公元前433年或稍晚，通过对其尸骸的碳-14测定，可以推定曾侯乙的死亡年代在公元前433年至公元前400年之间，他死时年龄在42至45岁之间。

综合考虑其他材料，曾侯乙应当生于公元前475年或稍晚，约在公元前463年前后成为诸侯王，在位约30年。

出土文物表明，曾侯乙生前非常重视乐器制造与音律研究，兴趣广泛，同时还是擅长车战的军事家。

曾侯乙的真实形象人们已经无从知道了，但传说曾侯乙长得

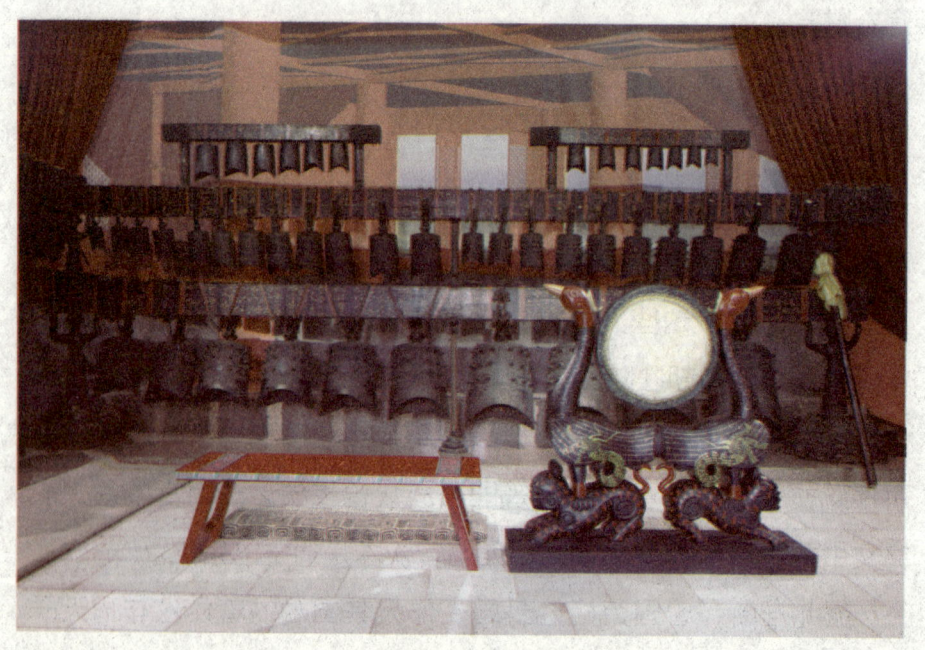

相貌平平，身材也不高，只有1.6米左右。但他非常有力气，并且是有名的神箭手。

民间流传曾侯乙一次去郊外打猎，无意中遇到一头野猪，慌乱中他随手从箭袋中拿出一支箭射出去，野猪应声倒地，当随从去搬运野猪时，才发现原来曾侯乙误把一支稻秆当箭射出去了，可见其力气之大。

拓展阅读

被称为"高原金字塔"的热水古墓群，坐落在察汉乌苏河北岸山前洪积扇平台上。它共有大小古墓2000余座，出土文物十分丰富，其中织锦袜、丝织品极为珍贵，是我国1996年十大考古重大发现之一。

跨国的杨贵妃墓

马嵬镇的杨贵妃墓

杨贵妃墓坐落在陕西省兴平县马嵬镇西5000米处，紧靠西宝公路，距兴平县城12.5千米。它是一个比较小的陵园。大门顶额横书"唐杨氏贵妃之墓"7字。进门正面是一座三间仿古式献殿，穿过献殿便为墓冢，高约3米，封土周围砌以青砖。

杨贵妃死后，就地掩埋，马嵬坡就成了她的墓地。据说，杨

贵妃缢死时掉下一只靴子，马嵬驿的一个驿卒拾到后，带回家交给母亲保存，引得周围村落的人都前来观看。过客每看一次，就要收取百钱。

尽管如此，看的人依然络绎不绝。后来，唐军收复长安，唐玄宗返回宫中，听到这个消息，就叫人以高价买下靴子，仍然埋在这座贵妃墓中。

自1985年以来，当地政府对贵妃墓进行修葺，新修了围墙、碑廊、献殿、亭子。特别是在墓园后面增设了一座6米高的杨贵妃大理石雕像，现成为人们来此旅游留影的最佳之地。

碑廊嵌有大小不等的石碑数通，刻有历代名人来此的题咏。晚唐诗人罗隐路经马嵬坡作诗说："马嵬杨柳绿依依，又见銮舆幸蜀归。泉下阿环应有语，这回休更罪杨妃。"鸦片战争后被谪

戍伊犁的林则徐，路经陕西曾题太真墓诗："六军何事驻征骖，妾为君王死亦甘。抛得峨嵋安将士，人间从此重生男。"

在熙熙攘攘的游人里，还有不少海外来客，其中日本人为数最多。香魂归何处，天下竟有两座贵妃墓，其中日本就有一座，所以他们特地来看个究竟。

黄海彼岸的日本贵妃墓

1963年，一位日本少女在电视台展示了她的家谱和古代文献，言之凿凿地称她为杨贵妃在日本的后裔，在日本引起了一阵小小的轰动。

在日本史学家邦光史郎的《日本史趣事集》、渡边龙美的《杨贵妃复活秘史》以及我国《文化译丛》上刊载的译自日本的

《中国传来的故事》里，都讲述着一个未死的杨贵妃的故事。

据说，杨贵妃在马嵬坡并没有被缢死，而是由陈玄礼、高力士策划，用一个宫女做替身死去，然后叫人护送贵妃南逃。当时我国同日本有海上交往，经过艰险的漂泊，终于在日本久津半岛的唐渡口登陆，定居在油谷汀。由于长期颠沛流离，贵妃身染重病，不久就死去了，当地人对她深表同情，把她安葬在那里。

杨贵妃墓坐落在风景秀丽的油谷汀，背倚微微起伏的山冈，面临平阔壮观的大海，墓基是一块由乱石组成的面积有几十平方米的平台，台上有5座石塔，日本人称它为"五轮"，相传，杨贵妃就安眠在五轮塔下。

后来，唐玄宗终于知道了杨贵妃客死东瀛的消息，哀痛欲

绝，为了给贵妃祈福，他派白马将军陈安带了两尊佛像——释迦如来和阿弥陀如来，准备安置在杨贵妃归宿之地。陈安将军踏遍了日本大小列岛，没有找到这个地方，只好把这两尊佛像暂时安放在京都清凉寺之后回国。

后来，日本当局发现了杨贵妃墓地，要清凉寺交出佛像，清凉寺则认为佛像在清凉寺安置已久，评价甚高，名声日大，不愿意将佛像交出。作为一种变通的办法，他们请日本最负盛名的工匠，照原像制作两尊，把4尊佛按新旧搭配，留两尊在清凉寺，另两尊在贵妃墓地建两尊院安置。

如今，两尊院的两尊佛像被指定为日本国家重点保护文物，油谷汀的两尊院墓地和五轮塔，则是山口县级指定有形文物。据说贵妃墓前香火不断，因为人们认为朝拜了杨贵妃墓，就可以生

得漂亮可爱的儿女。杨贵妃喜欢吃的山东肥城桃，已被日本大津郡引种、栽种，被称为"杨贵妃桃"。

拓展阅读

同样作为古代四大美女之一的西施，她在帮助勾践复国后便过着隐居生活。至于她的墓，有的认为在今天的上海市，也有的认为她与范蠡合葬在安徽省涡阳县西阳镇。

简单易盗的南宋皇陵

山岙里的南宋皇陵

南宋皇陵区属大宋王朝陵区的一部分，位于今浙江省绍兴市皋埠镇境内镇宝山的山岙里。南宋与北宋相对，共有9位皇帝，葬在皇陵区的只有6位，后三位都是小皇帝：宋恭帝赵显3岁当皇帝，5岁被攻陷临安的蒙古军掳走，不知下落；宋端宗赵昰10岁病死；最后一位叫赵昺的小皇帝，被陆秀夫背着跳了海。

所以南宋的皇陵区又叫"宋六陵"，包括宋高宗赵构的永思陵、宋孝宗赵昚的永阜陵、宋光宗赵惇的永崇陵、宋宁宗赵扩的永茂陵、宋理宗赵昀的永穆陵和宋度宗赵禥的永绍陵。除了这6座皇陵外，还有近百座后妃、皇室贵族墓，是历史上江南地区最大的皇陵区。

南宋皇陵的风水巧合

为什么南宋陵区会选在绍兴市境内，而不是在临安附近卜选？这也是当时"五音利姓"风水理论影响的结果。

1131年，随宋高宗南渡的宋哲宗昭慈皇后孟氏病死，遗诏给宋高宗，要求"攒殡"。所谓攒殡，就是将棺材暂时集中安葬，收复中原时再重新迁葬于河南巩义的祖陵区。

宋高宗派出懂风水的朝臣出去卜地，最后相中绍兴市东南面镇宝山北面一大片平地，即当地人所说的山岙。朝臣称，这里是

不可多得的风水宝地。但在一般人看来,这里就是一条穷山沟。

可是,这山旮的风水到底有什么好?《绍兴府志》记载了杨华在宋宁宗死后奉诣卜地后的上奏:"泰宁寺之西,山冈伟峙,五峰在前,直以上皇,青山之雄,翼以紫金,白鹿之秀,层峦朝拱,气象尊崇,有端门、旌旗簇仗之势,加以左右环抱,顾视有情,吉气丰盈,林木荣盛。"

绍兴在杭州的东南方,根据当时宋朝皇室迷信的"五音姓利"理论,正位于"国音"有利的方位。后来所有陵的山向也都得朝着北方,有人说这是北望祖陵,不忘收复河山的意思,实际是与"五音利姓"的风水方位巧合。

南宋皇陵的风水巧合，还有另外一个说法是，河南巩义皇陵区的东南面有一座山叫青龙山，而刚好皋埠镇东南面当时也有一座青龙山。这么多巧合，陵区自然就是这里了。此后，包括皇帝在内，南宋所有皇室人员死后均葬在这里。

构造简单的南宋皇陵

因为是攒宫，临时的建筑，所以南宋皇陵造的比较简单，虽然也有上宫和下宫，规制却不能与巩义皇陵相比，竟然没有古代帝王陵寝必设的核心建筑——地宫。

宋皇陵的地宫有自己的叫法——皇堂。其实这皇堂不过是石质墓穴，实际也就是一种大的"石棺罩"。相应地没有地宫也就

没有墓道，所以南宋的攒宫与民间富贵人家做墓并无太多区别，甚至有所不及。

据《思陵录》记载，石藏离地面仅"深九尺"，折算起来是2米多一点，比北宋皇陵平均30米深的尺寸，浅了许多。《思陵录》的作者是宋高宗的右丞相周必大，他当时亲护宋高宗的梓宫下葬，所记翔实而可信。

因为葬得这么浅，给盗墓者带来了方便。如果说北宋皇陵在反盗墓设计上存在明的显缺陷，而南宋帝王陵则根本就没有考虑

安全。所以，后来西僧杨辇真伽盗陵时不用费劲，把陵上很薄的夯土层挖掉后，就露出了石室和棺材。

拓展阅读

北宋皇陵位于河南省巩义市的西村、芝田、市区、回郭镇一带，北宋9个皇帝，除徽、钦二帝被金兵掳去死于五国城外，其余7个皇帝及赵弘殷（赵匡胤之父）均葬在巩义，通称"七帝八陵"。

成吉思汗墓的千古之谜

蒙古族盛行的密葬

由于蒙古族盛行密葬，所以真正的成吉思汗陵究竟在何处始终是个谜。所谓密葬，就是在墓地上不留坟冢、碑记一类的标志物。《黑鞑事略》一书中专门讲到蒙古人"其墓无冢，以马践蹂，使如平地"的习俗。

但是按照加宾尼的说法，蒙古人的这种埋葬方式可能还有保

密的目的——埋葬后将墓穴填平，"把草仍然覆盖在上面，恢复原来的样子，因此以后没有人能发现这个地点"。

元末人叶子奇的《草木子》一书同样描写了蒙古帝王死后的丧葬情形。他们死后一律被送到漠北墓区深埋，埋毕用万马踏平，待草长之后再解严。那么成吉思汗的亲族要想祭奠他该如何找到埋葬地呢？原来人们会在死者葬地牵来一只驼羔，他们当着母骆驼的面将驼羔杀死并将血洒在墓地。

以后每遇祭祀的时候，人们就把那头母骆驼牵来，如果母骆驼在一个地方久久徘徊，哀鸣不已，那么这个地方就是陵墓所在地。

探寻成吉思汗墓

人们一直认为成吉思汗的陵墓里可能埋藏着大量奇珍异宝，里面的工艺品甚至比秦始皇陵出土的兵马俑还要壮丽。自从成吉

思汗死后，虽然中国战乱不断，但是他的陵墓一直没被找到，这意味着陵墓迄今仍完好无损。

其实一直以来，有关成吉思汗陵墓的寻找就是国内外考古界的一大热点。距离时间较近的一次为2000年夏天美国人穆里·克拉维兹的考古活动。他们在2001年7月底在宾得尔山北面的乌格利格其贺里木发现了距地面11米处的一个庞大的陵墓群。但最后证明这实际上是一处假墓地。对于成吉思汗墓地的具体位置，多

古城堡的复活记

年来大致形成了几种说法：一是位于蒙古国境内的肯特山南、克鲁伦河以北的地方；二是位于新疆维吾尔自治区北部阿勒泰山；三是位于宁夏回族自治区境内的六盘山。

认为在蒙古国肯特山的依据是，有关史料记载，成吉思汗生前某日，曾经在肯特山上的一棵榆树下静坐长思，而后忽然起立，对手下随从说："我死后就葬在这里。"

南宋文人的笔记中也记载，成吉思汗当年在宁夏病逝后，其

遗体被运往漠北肯特山下某处，在地表挖深坑密葬。其遗体存放在一个独木棺里。认为在新疆维吾尔自治区北部阿勒泰山的依据是，成吉思汗在生前曾亲自指定阿尔泰山脉一处人迹罕至的地方，作为自己将来的安葬之地。认为在宁夏回族自治区六盘山的依据是，有记载说，成吉思汗是1227年盛夏攻打西夏时死于六盘山附近。考古专家据此认为，按照蒙古族过去的风俗，人去世3天内就应该处理掉，为的是怕尸体腐烂，灵魂上不了天堂。因此，成吉思汗去世后就地安葬的可能性很大。

后来从内蒙古自治区传来消息，成吉思汗墓可能坐落在内蒙古自治区鄂尔多斯市伊金霍洛旗甘德利草原上，此墓地距离鄂尔多斯市内的成吉思汗陵不足200千米。但据了解，证明是成吉思汗葬身之地的石窟尚缺直接证据。石窟是当年成吉思汗养伤所在地。内蒙古自治区社科院著名研究员潘照东认为阿尔寨石窟是证

明成吉思汗陵就在附近的重要的遗迹之一。石窟中壁画的内容与《草木子》中记载的成吉思汗下葬后万马踏平墓地不留坟冢的场景不谋而合。

此外洞窟中其他的壁画是网格状的，只有这幅壁画从上到下为7层呈阶梯状分布，而石窟门口的西夏浮雕也是分级的，二者风格极为相似。成吉思汗是在征服西夏的军旅途中因病逝世的，而阿尔寨石窟又是当年成吉思汗养伤时的所在地，所以石窟中的遗物有明显的西赏建筑风格是完全合理的。

鄂托克旗附近的"百眼井"；"驼羔梁"等是成吉思汗晚年活动的另外几个遗迹。据潘照东介绍，传说中的百眼井因风沙的侵蚀而埋没，如今只剩下了80多眼，但井壁非常光滑圆润，而且分布合理。据说驼羔梁就是当年在成吉思汗墓地杀死幼骆驼骆驼：供骑乘或运货，是沙漠地区主要的力畜。驼羔在母骆驼眼前被杀时，母骆驼急得像发了疯一样。为了防止发疯的母骆驼四处伤人，士兵们就搬来一块中间有窟窿的巨石并插上木杆，拴住母

065

骆驼。可惜的是这块巨石早已无从寻觅了。

没有最终的结论

从蒙古人的习俗和过去信奉的萨满教来看，蒙古人祭奠先人主要是祭灵魂，不是祭尸骨。按照蒙古民族的习惯，人将死时他的最后一口气——灵魂将离开人体而依附到附近的驼毛上。

按照记载，成吉思汗去世时，拿白色公驼的顶鬃，放在成吉思汗的嘴上和鼻子上，如果不喘气了，说明灵魂已经附着在这片白色驼毛上，这时遗体就可以处理掉，而把这团驼毛保存在衣冠冢里。20世纪50年代成吉思汗陵落成时，曾经打开过银棺，发现了这团驼毛。位于我国内蒙古自治区鄂尔多斯市伊金霍洛旗的成吉思汗陵，一直受到海内外的关注，这里每年都要举办大祭仪式，蒙古族人视其为圣地。

不过，也有人认为这里只是成吉思汗的衣冠冢。因为成吉思汗陵供奉的银棺灵柩中，保存的是成吉思汗逝世时的灵魂吸附物——白公驼顶鬃，而不是成吉思汗的遗骸。蒙古族人不赞成大规模挖掘成陵，因为按照蒙古族传统，打搅死者灵魂是对死者的不敬，遗体没有保存价值，关键是灵魂不灭。

因此，真正的成吉思汗墓的具体位置，它将永远成为一个谜底似的问题，让那些愿意猜谜底的人继续猜这个谜底。

拓展阅读

成吉思汗是世界史上杰出的政治家、军事家。1271年元朝建立后，忽必烈追尊成吉思汗为元朝皇帝。他在位期间多次发动对外征服战争，征服地域西达西亚、中欧的黑海海滨。

清东陵墙外的昭西陵

孝庄文皇的遗念

在清东陵陵区的外面，有一座黄瓦红墙的建筑格外引人注目。它就是清东陵的昭西陵，陵中安葬的是清朝初年有名的孝庄文皇后。

孝庄文皇后是清太宗皇太极的妃子，顺治皇帝的亲生母亲，

康熙皇帝的祖母。她一生历经数朝，竭力辅佐了儿孙两代幼主，为清朝定鼎天下立下了汗马功劳。

1668年，孝庄文皇后患病，康熙心急如焚，遂带诸王贝勒、文武百官从乾清宫步行到天坛，祈求上天减少自己的寿命换得祖母的平安，感动得文武百官随之落泪。然而，终因回天乏术，孝庄文在慈宁宫去世，享年75岁。

孝庄文皇后在去世前留下遗言："太宗文皇帝梓宫安放已久，不可为我轻动，况我心恋汝皇父及汝，不忍远去，务于孝陵近地，择吉安厝，则我心无憾矣。"

暂安奉殿的修建

康熙虽然是大孝，但是祖母的遗言，确实让康熙皇帝左右为难：如果按祖制将祖母送往盛京，也就是今天的辽宁省沈阳与祖

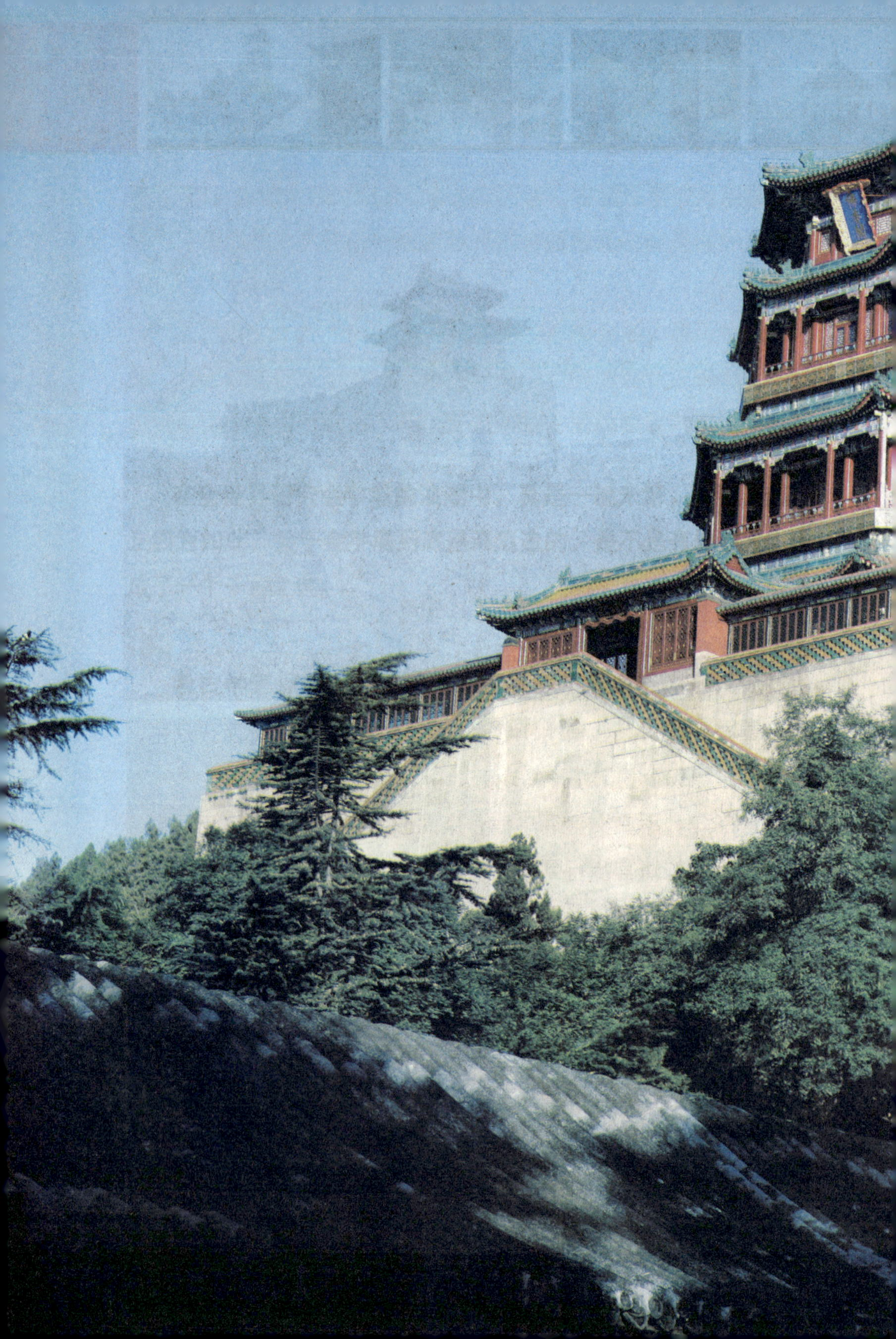

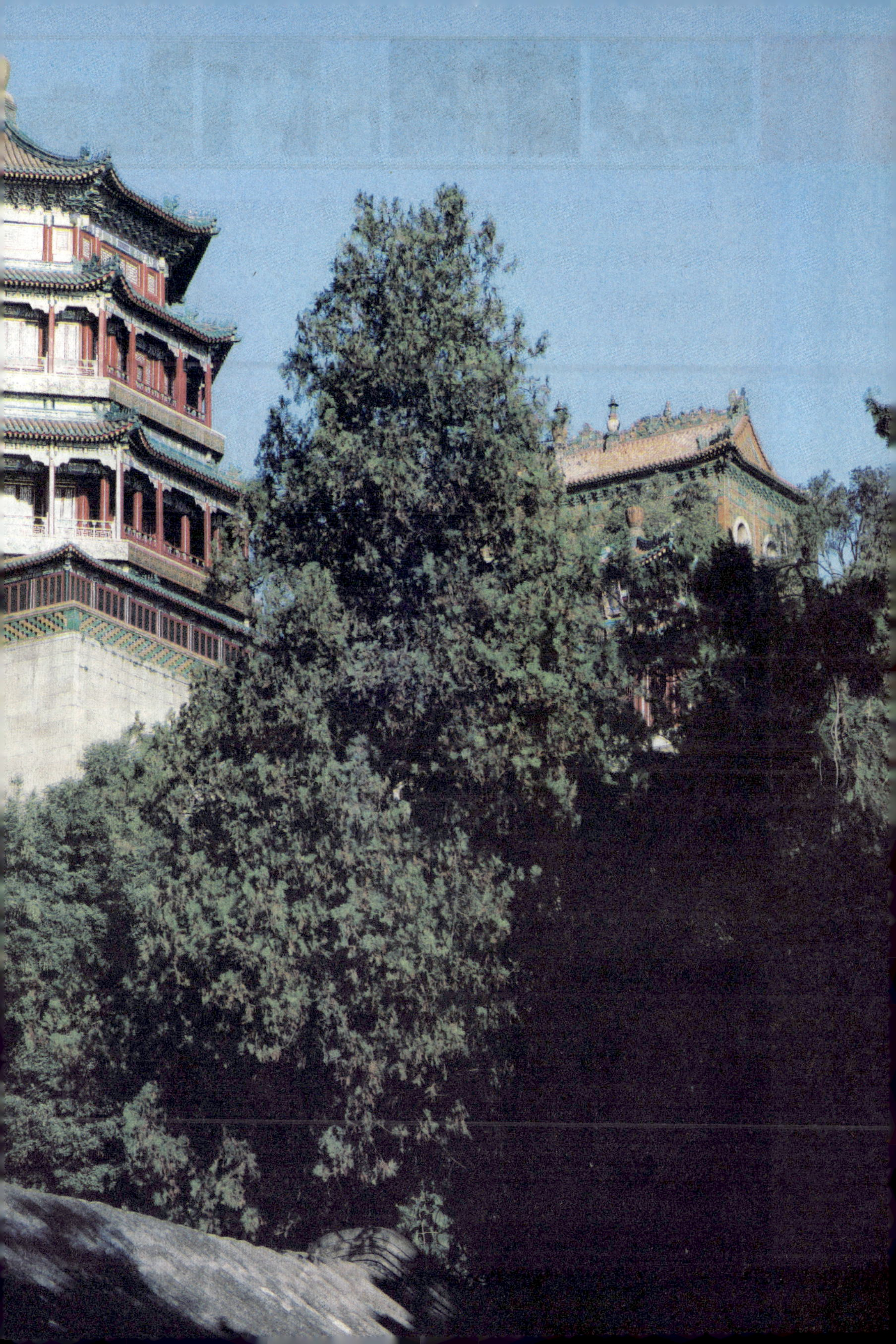

父皇太极合葬，那显然违背了祖母的遗愿，也是康熙最不愿意的。可是要按照祖母的吩咐葬在孝陵附近，又违背了祖制，一时不知道如何是好。

康熙皇帝最后采取了一个折中的办法，就是在东陵的前面、

风水墙外建一座暂安奉殿。康熙还下令把他为祖母生前修建在慈宁宫的一座面阔五间，恢弘壮观的宫殿拆运到东陵重建，并再三叮嘱拆卸时原件不可缺损，基址务必牢固等。

经过3个月的紧张施工，于1689年3月竣工。由于不是正式陵

寝，所以命名为"暂安奉殿"。

昭西陵的修建

然而，康熙皇帝采取的两全其美的办法，竟让孝庄文皇后暂安了近40年，1725年，孝庄文皇后的葬地问题才被提到了议事日程。

雍正认为孝庄皇后的棺椁停在暂安殿内不是长久之计，况且暂安奉殿的所在地就是上吉佳壤，可以改建为陵寝。工程于1726年开工，12月完工，12月10日孝庄文皇后的棺椁才被正式葬入地宫。

由于皇太极的陵叫昭陵，位于东北的盛京，而孝庄文皇后的陵建在河北的遵化，方位是昭陵的西面，按照清朝皇后陵命名的办法，将孝庄文皇后的陵定名为昭西陵，表明昭西陵与昭陵是同一体系。从此，清东陵的风水墙外就有了人们所看到的昭西陵。

专家认为，昭西陵建在风水墙外是有一定道理的，因为风水墙内，顺治皇帝已

经占据了至高无上的位置，作为母亲的孝庄文无论再葬在任何一个地方，地位都会低于她的儿子，所以建在风水墙外是比较合适的。

拓展阅读

昭陵陵寝是清朝第二代开国君主太宗皇太极以及孝端文皇后博乐济吉特氏的陵墓，是清初"关外三陵"中规模最大、气势最宏伟的一座。昭陵除了葬有帝后外，还葬有关睢宫宸妃、麟趾宫贵妃等妃子。

曹雪芹墓石的真伪

发现曹雪芹墓

1968年冬，在北京通县张家湾村，人们正在进行平整土地的大会战。该村青年李景柱在无主墓地的地下一米处发现一块长1米，宽0.4米，厚0.15米的青色基石。李景柱算是当地的"土秀才"，他见石上刻的文字，便想这可能是《红楼梦》作者曹雪芹

的墓志。村民还在近处挖出一具男性残骸，以为大文学家的嘴里含有宝物，便将尸骨全身分离，随意抛散。

这天晚上，李景柱找人帮忙，把墓志载运家中，再用铅笔、窗纸拓好精心保存。1991年，张家湾镇政府拟建公园，立碑林，李景柱将墓志无偿献出。

曹雪芹墓石的真伪之辩

1992年7月，新闻报道了这一消息后，引起了红学界巨大的轰动，也引起了海内外学术界的极大关注。

因为如果这墓志确是曹雪芹的，将有助于人们了解曹雪芹的身世。围绕着墓志的真伪，展开了一场沸沸扬扬地大争论。

文物鉴定家秦公认为，这石碑可能是伪造的。他认为，石碑的用石不合理，没有一个平面，说明原来不是用来做石碑的；字在碑石上的位置不妥当，墓志的最后一笔十分接近下缘；刻工很

粗糙，刀法乱，有的笔画还直接借用石料上原有的斧凿痕迹；文法不合理，碑上不应称"公"，而应称"群"，如称"公"，应称其字普落款也不合理，应有立碑人等。

红学家杜景华则断定：石碑不是伪造的。他说："有人疑心石碑是伪造的，但石碑出土于'文革'时期那时没有必要伪造一块曹雪芹的墓碑。"他还认为，曹雪芹死于壬午，是胡适和俞平

伯的说法。但大多数红学家持"癸未"说。如果石碑是伪造的，那碑上为什么不落款"癸未"，以迎合大多数人的观点呢？

　　他还推测，曹雪芹死前，家境非常艰难，过着"举家食粥酒常赊"的日子。被债主们逼得没办法，曹雪芹躲到张家湾昔日曹府的一个仆人家，可没想到，曹雪芹竟死在仆人家。仆人草草将他埋掉，并草草为他刻了这么个墓碑。

红学家冯其庸也对墓碑持肯定态度。他还引证说，曹雪芹的好友敦诚《寄大兄》文中说："孤坐一室，易生感怀，每思及故人，如立翁、复斋、雪芹、寅圃、贻谋不数年间，皆荡为寒烟冷雾。"

　　敦诚的《哭复斋文》中说："未知先生与寅圃、雪芹诸子相逢于地下做如何言笑，可话及仆辈念悼亡友情否？"

　　曹雪芹的故友寅圃、贻谋的墓都在通县潞河边上，为什么敦诚说"与寅圃、雪芹诸子相逢于地下"呢？很可能他们同葬于潞河畔张家湾。

　　原北京市通州区文物管理所所长周良认为，曹雪芹一生穷困潦倒，墓葬的潦草符合其生前"举家食粥酒常赊"的处境。他认为历史上关于曹雪芹的逝世年代、地点没有明确的记载，这通石碑的出土起到了一个重要的"补史"作用。红学界如果只是以简

单的书写格式标准去衡量这个问题，就会有失偏颇。

除以上观点以外，还有许多红学家也提出自己的看法。但是究竟这墓石是否是为曹雪芹立的，目前学术界还在争议中。

拓展阅读

1977年，著名红学家冯其庸在河北省涞水一个叫沈家庵的村子里，发现了中国古代四大名著之一《红楼梦》的作者曹雪芹的家族墓地，一时间在红学领域引起巨大震动。

北京公主坟里的公主

公主坟里的公主

在北京的复兴门外，复兴路和西三环路交界处的街心花园，有个著名的公主坟。

自从电视连续剧《还珠格格》映播后，人们对京西公主坟内埋葬的公主是谁，引起了广泛的关注，众说纷纭。有的说是乾隆义女，有的说是金泰之妻，有的说是奇女孔四贞等。

至于传说最多的是，降清明将孔有德之女孔四贞就埋葬于公主坟。

因为明将孔有德降清后屡次立战功，如取南京、攻江阴、征贵州、战

广西等，顺治六年被封为"定南王"。

在顺治九年，孔有德在桂林被明将李定国围困，受伤后自杀身亡。

顺治母亲孝庄皇后收养其女孔四贞为义女，并封为和硕公主，成为清朝唯一的汉族公主。她武艺高强，经历富有传奇色彩。因此就以讹传讹地流传开了。

公主坟谜底地揭开

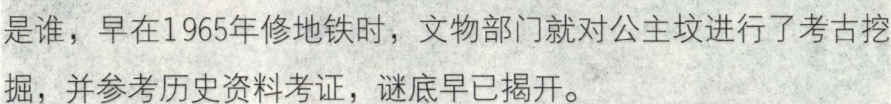

其实公主坟内的公主是谁，早在1965年修地铁时，文物部门就对公主坟进行了考古挖掘，并参考历史资料考证，谜底早已揭开。

这个地方因过去曾葬有清仁宗嘉庆皇帝的两位公主而得名公主坟，两位公主分别葬东西两边。

东边葬的是庄敬和硕公主，她为嘉庆第三女，为和裕皇贵妃所生，生于1781年12月。她于1801年11月，下嫁蒙古亲王索特纳木多布济。1811年3月去世，年仅31岁。

西边葬的是庄静固伦公主，为嘉庆四女，为孝淑睿皇后所生，1802年，下嫁蒙古族土默特部的玛尼巴达喇郡王。

因清朝的祖制，公主下嫁，死后不得入皇陵，也不能进公婆

墓地，必须另建坟茔，故北京郊区有很多公主坟，有的地方现仍叫公主坟。

因庄敬和硕公主和庄静固伦公主是同年而亡，仅隔两个月，所以就埋葬在同一处了。

公主坟的墓地原有围墙、仪门、享殿等地面建筑，四周及里面广植古松、古柏和国槐、银杏等树木，显得古色古香。地宫均为砖石结构，非常坚固。双墓均为夫妻合葬墓，陪葬品有兵器、蒙古刀及珠宝、丝绸等物。

公主与格格的称谓之别

1636年，仿明制，皇帝的女儿称"公主"，并规定皇后所生之女称为"固伦公主"，"固伦"满语意为天下、国家、尊贵、高雅；妃子所生之女或皇后养女称为"和硕公主"，"和硕"，满语，意为一方。

两种封号强调了嫡庶之别，但偶尔也有例外。

公主不能称为格格，格格是皇家贵族小姐婚前的统称，后来把格格分为五等：

亲王之女称为和硕格格；世子及郡王之女称为多罗格格；多罗贝勒之女也称为多罗格格；贝子之女称为固山格格；镇国公、辅国公之女称为格格。公以下之女称为宗女。若为侧室所生，均依次降二等。

拓展阅读

在黑龙江省绥化市北林区四方台镇呼兰河北岸的绥北铁路东侧也有座公主坟。传说是金兀术妹妹美妮公主的坟墓，雄鹰常旋在上面。曾出土铁剑和碳化稻谷，是驻兵与储粮建筑，与金宋战争有关联。

没有尸主的埃及金字塔

金字塔是法老的坟墓吗

在古希腊作家希罗多德的笔下，胡夫是埃及的一个法老，他非常残忍，当他花完他所有的财富时，就命令他的女儿到妓院去为他挣钱。忠诚的女儿只好照办。但是，她同时向每一个她侍奉的男人要了一块石头作为礼物，因为她希望除了这些男人外，她

还能为后人留下点别的以便为人记住。

　　用这些石头，她建造了一个巨大的金字塔，该塔现在仍然坐落在尼罗河附近的吉萨高原上。

　　一些中世纪的作家相信，在埃及粮食充裕时期，金字塔曾经被用来储藏谷物。

　　近来，金字塔被人描述为日晷仪和日历、天文观测台、测量工具以及天外宇宙飞船的降落点。

　　但是人们一般认为金字塔是法老们的坟墓，大部分享有声望的埃及学家也相信这一理论，而且他们的理由很充分。金字塔散布于尼罗河的西岸，根据埃及神话，这里与日落以及通往来世的路途都相通。

　　考古学家们在附近发现了葬礼仪式使用的小船，据说，法老们正是乘这些船驶往来世的。而且金字塔周围环绕着一些可能属

于法老宫廷成员的其他坟墓。

探寻金字塔尸主

大部分人认为许多金字塔内有石棺或木棺。19世纪之前,考古学家在石棺上或在石棺附近发现了一些神秘图画,它被认为是用来帮助法老们从一个世界通往另一个世界的咒语咒语:某些宗教子弟念的符咒。然而,坟墓理论缺乏一个最主要的证据,即法老们的尸体。

古城堡的复活记

在19世纪和20世纪早期，探索者们和考古学家们进入了一个又一个的金字塔。

倘若他们发现有看似胡夫棺木的东西，他们就会屏息打开，但是他们每一次发现木棺总是空的。

对于空坟墓最广泛的解释是金字塔遭到了洗劫。其实，大部分盗墓者对法老们的财宝比对他们的尸体更感兴趣，所以他们当然也不可能花时间确保法老们的尸首被妥善保存。他们也不可能

留下任何被纯金覆盖的木乃伊。

从盗墓者为搞乱坟墓所做的刻意努力来判断，最早的盗墓者很可能是古代埃及人自己。例如，在阿蒙海特三世的金字塔中，塔的入口通往一个小的空室，这个空室把人们引向一个没有出口的狭窄通道。

通道的顶端是一块重22吨多的巨石，把巨石往两边推滑，一个往上的通道就会显现出来，这个通道同样好像没有出口。一面墙上有一个隐藏着的砖门通向第三个通道，然后在通道的顶部又有两块可以滑动的巨石，接着才到达前厅，最后是法老的埋葬室。

然而，所有这一切努力都是徒劳无功，都不可能阻挡住盗墓者。

他们的决心不仅使考古学家，而且使后来的寻宝者，像9世纪时阿拉伯的统治者阿卜杜拉·阿尔·玛穆恩感到气馁。阿卜杜拉

留下了一份在他看来是首次进入胡夫金字塔的探宝经过的详细报告。

阿卜杜拉在带领队员们经过了一系列伪装的通道和堵塞的入口之后，他最终到达了埋葬室，在那里，除了一个空的石棺之外，他什么都没有发现。

在拿破仑征服埃及之后，到达埃及的欧洲探险者们对石头上的雕刻比对珠宝更感兴趣，但是相对于埃及和阿拉伯的先行者，他们对法老纪念碑少许表示了几分尊敬。

1818年，曾经在马戏团待过的健壮的探险者乔维尼·贝尔兹尼用夯锤打通了胡夫之子胡弗雷的金字塔墙壁。贝尔兹尼当时正忙于为即将在伦敦举办的展览而收集展品，他在看似埋葬室的地方花了很长时间寻找法老的尸体。

他发现的唯一骨头是一头公牛骨，可能是某些偷走法老尸体的早期盗墓者扔在石棺室中的。

探寻中的意外发现

对财宝和尸体的探寻在1923年有了回报。这一年，英国考古学家霍华德·卡特发掘到图坦卡蒙的坟墓。

在墓中，卡特找到了许多华丽、完整的财宝，正因为如此，"图坦国王"很可能是现在人们最熟知的法老。

财宝中包括一个金棺和法老尸体上放着的一个金面具。这次的发现对于金字塔尸主的研究并没有重大意义，因为图坦卡蒙没有埋在金字塔里。

他的坟墓可能被分散在国王山谷中的岩石里。更让考古学家们感到不安的是之前的一些考古学家的相继离奇死亡。

1925年，也就是在图坦卡蒙墓被发现两年之后，乔治·安德鲁·赖斯纳带领一队美国考古学家在胡夫大金字塔脚下考察。一位摄影者在试图放置照相机三脚架时，碰巧擦掉了堵在一块隐藏

于岩石中的裂缝上的灰泥，露出了一个30多米深的井状通道，该通道从顶部到底部都用砖石砌成。他们花了两周时间才到达通道的底部。

在那个墓里，赖斯纳发现了胡夫母亲赫特菲尔斯王后的棺材。由于坟墓隐藏得如此完好，赖斯纳希望能够发现一个完整的墓葬，但是石棺是空的。

当从失望中醒悟过来之后，考古学家们才注意到埋葬室的墙壁上有一块泥灰区，在它的后面，他们找到了一个小匣子。匣子里面装着经过防腐处理的王后的内脏。

赖斯纳猜测王后也许曾经被葬在别处，在盗墓者为了获取包

裹于其下的珠宝而搬动她的尸体后,她的残骸可能是被重新埋葬在她丈夫和儿子附近。

希望之火的熄灭

1951年,在金字塔中找到一个完整墓葬的希望重新被点燃。这一年,在吉萨南面大约6000米处一个名叫撒卡拉的地方,一位埃及的学者扎卡赖亚·戈奈姆发掘了一个以前未知的金字塔废墟。这个金字塔以前从未被注意过,因为它的建造者们从未使它的高度超过地基之上,这使得它后来被撒哈拉沙漠所掩盖。

戈奈姆在开始的时候以为一个未完工的金字塔不可能有多重大的意义,更不用说找到法老的遗骸了。

但是当他沿着一个低浅的沟壕通往一个隧道时,他的期望突然升高。

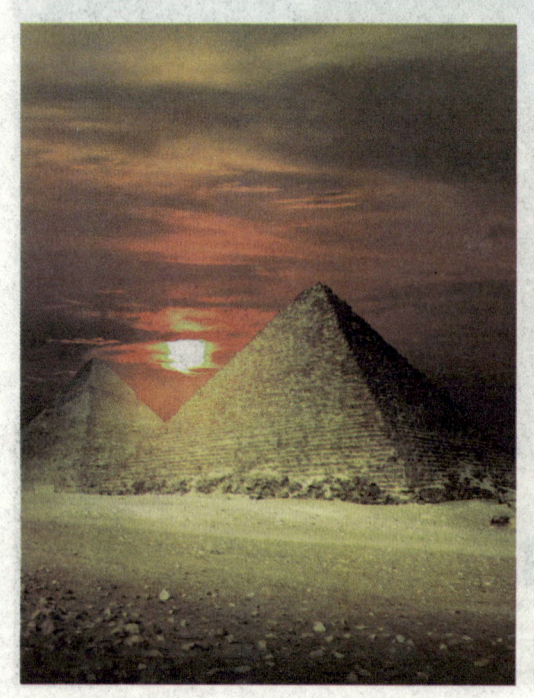

当他挖通了三堵石墙后,他变得相当激动:如果盗墓者曾光顾过的话,那么他们在出来后不会重新把墓封闭好。在金字塔中发现的珠宝似乎进一步表明这里是一个盗墓者从未光顾过的坟墓。

戈奈姆到达埋葬室之后,经过确认那是一位鲜为人知的法老塞克赫姆克赫特的坟墓。

当戈奈姆看见一个金棺时，他和他的同事们激动得又哭又跳，并且相互拥抱在一起。几天后，当着一群学者和记者的面，戈奈姆下令打开棺材。让所有在场人震惊的是棺材是空的。

拓展阅读

2011年5月埃及利用卫星技术，发现了多座被沙埋葬的金字塔和古代定居点，包括藏于地下的17座金字塔3000个古代定居点。他们还用距地球450千米的红外设备探测到了1000多个墓地等。

金字塔里的神秘通道

石板后面的未知世界

早在2002年，"金字塔漫游者"在该通道试验行走过程中就曾失败过：当时机器人行走到石门前，突然发现有个断裂层形成了一个斜坡，"金字塔漫游者"尝试了几次都未能爬过去。另外，摄像头如何能在各种情况下正常工作也是个难题，所以这次"漫游者"特地配备了4至5个摄像头，多个光源，以形成立体的光线背景，这样可以确保传回来的画面更为稳定和富有现场感。机器人把摄像探头伸进打通的洞中，石板后面的世界出现了。

一个狭小的空间，里面空空如也，却把神秘继续遗

留下来了——另一堵石门堵住了通道，但它有缝隙。这是又一扇门，不是死胡同，人们的好奇在直播结束后有增无减。哈瓦斯博士事后大胆地发表了他的猜测："我们看到了另一扇封闭的门，它看起来似乎封存了一些东西，一些非常重要的东西还藏在后面。"

石墙后面的神秘地道

著名的埃及吉萨高地占地约50平方千米。几千年来，它一直以众多的金字塔、狮身人面雕像和多处古庙宇的残垣让人们叹为观止。来自世界各地的考古学家还不断有新的发现。

据俄罗斯《总结》周刊2003年第四十二期报道：一个国际考古小组在埃及金字塔下面发现一个迄今为止尚未被人发现的庞大地下建筑群，这个发现在世界上引起了轰动。考古学家们认为，金字塔地下的地道网有可能伸展到好几十千米开外。

事情经过是这样的：一名埃及考古队员在发掘一座陵墓时，无意中往墙上一靠，石墙随即坍塌，人们便发现一条不知有多深的地道。因为科学家们都知道，金字塔周围是个大坟场，这里埋有法老们的近亲和忠臣，因此得出结论，整个吉萨高地的下面都

可能穿透了地道。现在，当地和外国的考古学家正在忙于绘制金字塔下面地道的地图，既在地面上开展工作，也求助于空中摄影。人们都坚信，通过对地道的研究，可能进一步揭开吉萨地区众多金字塔的秘密。

石墙后面的秘密通道

2004年，来自巴黎的考古学家贾克斯·巴德特和佛郎西·达曼向新闻界宣布，经过12年的证据收集和分析，他们最终确定，秘密通道可能藏在大金字塔无数石墙的后面。

他们对一系列线索进行分析后终于断定，大金字塔中可能存在未发掘的密室。巴德特和达曼向媒体透露，他们计划向大金字塔所在地政府详细展示这个惊世发现。他们说，研究表明金字塔内许多走廊墙壁的结合处都是为掩人耳目所设的"烟幕"。分析大量照片后，这两位法国专家发现，金字塔内部石块上存在一种特殊标志，这种标志在历史上所起作用就是标示进入金字塔内部。他们坚信，这个发现表明附近存在尚未发掘的密室或房间。

还有其他一些辅助证据表明，金字塔内可能存在密室。巴德特和达曼利用照片分析也看到金字塔内存在隔离空间。他们还确信，大金字塔内尚有一个墓室，与前两个不同，这间墓室从未被发现过。

这个惊人理论一出现，就在学术界激烈争议。扎哈·哈瓦斯是埃及首席考古学家，他说，他对法国人的研究一无所知，并且

对大金字塔的秘密通道"毫无概念"。但是，为了解开这些谜团，至今人们还没有停止对这些神秘通道的研究。

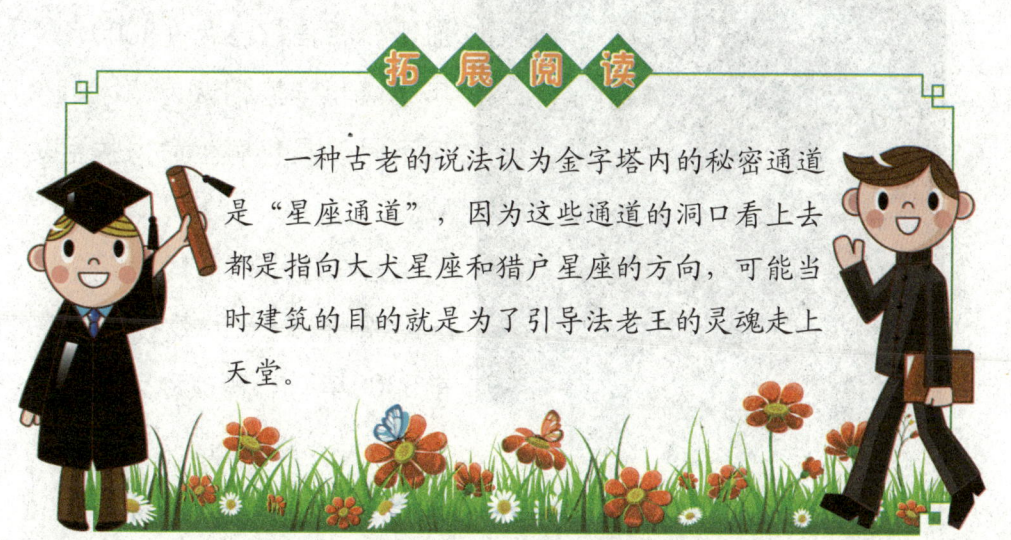

拓展阅读

一种古老的说法认为金字塔内的秘密通道是"星座通道"，因为这些通道的洞口看上去都是指向大犬星座和猎户星座的方向，可能当时建筑的目的就是为了引导法老王的灵魂走上天堂。

金字塔与外星人

在全世界研究金字塔的浪潮中，真是一谜未解，一谜又起。正因为如此，关于金字塔到底是谁建造的，是不是有外星人，也成了一个千古之谜。

金字塔里的冰封生物

考古学家保罗·加柏博士在埃及金字塔进行内部设计技术研究时，发现塔内密室中藏有一具冰封的物体，探测仪器显示物体内有心跳频率及血压，相信它已存在5000多年了。科学家们认为，冰封底下是一具仍有生命力的生物。

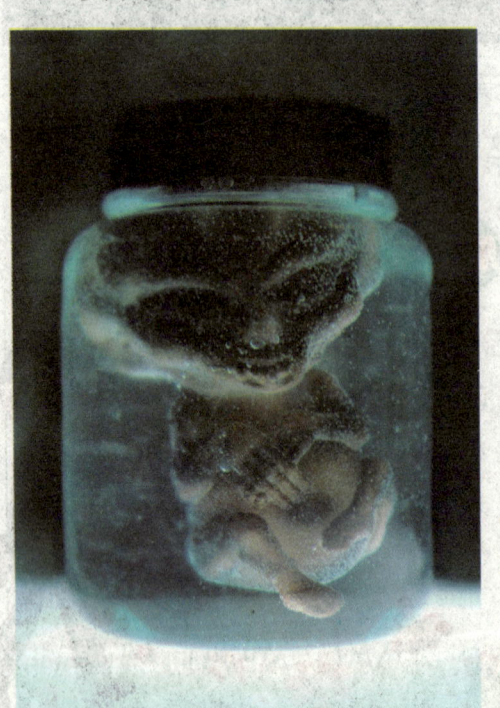

据在该塔内同时发现的一卷象形文字记载，公元前5000年有一辆被称为"飞天马车"的东西撞向开罗附近，并有一名生还者。卷中

称这位生还者为"设计师",因而考古学家们相信冰封生物就是金字塔的设计和建造者,金字塔是作为通知外太空同类前来救援的标志。但令人不解的是:那冰封生物如何制造一个如此稳固和不会溶解的冰格,而把自己藏身其中呢?

金字塔里的外星画像

科学家们还在古埃及3000多年前金字塔的壁画上面,发现一个外星球人的太空模样的画像。

这个金字塔的发掘人伊沙杜拉博士指出,太空船的形状犹如一个倒转的碟,这证明了3000多年前外星人已经跟古埃及人有了接触。

古墓里的电视机

一位著名的考古学家威夏劳·勒如博士宣布:他在埃及尼罗

河畔一座从未有人发掘的古墓中竟然发现一台完好无损的类似彩色电视机的仪器。

这台仪器与时下流行的彩电有较大区别，它只有一条线路，只能接收一个电视台的节目。它有4个三角形的荧光屏，屏的四周都镀了黄金。它的机件是目前最先进的钛金制造的，质地极为坚固。

该机已不能正常工作，虽然经历4200多年，它的太阳能电池

作为动力仍能正常操作。

由于古埃及人既没有制作电视机的材料，也不可能具有高精度的工艺水平，因此，专家们认为它极可能是外星人送来的礼物。

电子工程师里察·纳花了近一个月的时间细致地检查了这台电视机，并查清了它的线路和工作原理。他准备用当前最先进的技术复制出一台同样的彩电来，以试验它是否能接收到另一个星

球的电视信号。

金字塔里的电灯

在古埃及的金字塔建筑群中，规模最大的一座是奇阿普斯金字塔，它的内部结构极为复杂和神奇，并饰以雕刻、绘画等艺术品。

由于墓室和甬道里十分黑暗，这些精致的艺术作品需要光亮才可能进行雕刻、绘画。

当时如果真的是使用火炬或油灯，就必然留下一些"用火"的痕迹。

可是，现代科学家对墓室和甬道里积存了4600多年之久的灰尘进行了全面仔细的科学化验和分析，结果证明没有发现一丝一毫使用过火炬或油灯的痕迹。

由此可见，古埃及艺术家在胡夫金字塔地下墓室和甬道里

雕刻、绘制壁画时，根本不是使用火炬或油灯来照明，而很可能是利用某种特殊的蓄电池或者其他能够发光亮的电气装置。

令考古学家和历史学家们惊奇的是：距今4600多年前的古埃及人真的知道现代电灯之谜的秘密吗？会不会是外星人带来的呢？这些问题还需要更多的证据来回答，相信有一天会找到答案的。

拓展阅读

考古学家和历史学家通过对胡夫金字塔进行深入持久地研究，发现金字塔的建造者既不是人们想象的外星人，也不是一些历史学家言之凿凿所认定的奴隶，而是享有人身自由的农民和技工。

金字塔的众多谜团

匪夷所思的建筑工程

埃及金字塔散布在尼罗河下游的西岸,大约有80多座。它们是古代埃及法老的陵墓。埃及人叫它"庇里穆斯",意思"高"。因为从四面望去,它都是上小下大的等腰三角形,很像中文"金"字,所以,人们就形象地称它为"金字塔"。

第四王朝法老胡夫的陵墓是最大的金字塔。它大约建造于公元前2700多年。其建筑用石如果用载重7吨的卡车来装载，需要97.8万辆，如果把这些卡车一辆接一辆连接起来，总长度是6200千米。

　　哈佛拉金字塔是第二大金字塔，塔旁雄踞着一尊巨大的人面狮身像。据说，公元前2610年，埃及第四王朝的第三位法老哈佛拉，巡视了自己的快要竣工的陵墓，发现采石场还有一块弃置的巨石，于是就命令石匠，按照自己的脸型雕刻了这座石像。

　　1798年，拿破仑占领埃及时，曾下令用重炮轰击狮身像，结果只轰断了几根胡须。拿破仑曾估算，如果把胡夫、哈佛拉、孟考夫拉三座相邻的金字塔的石块集中，可以砌成一道高3米，厚1米的石墙，把整个法国全圈围起来。

　　可是这么多的石块从哪里采的呢？据考证，一般石料可能是

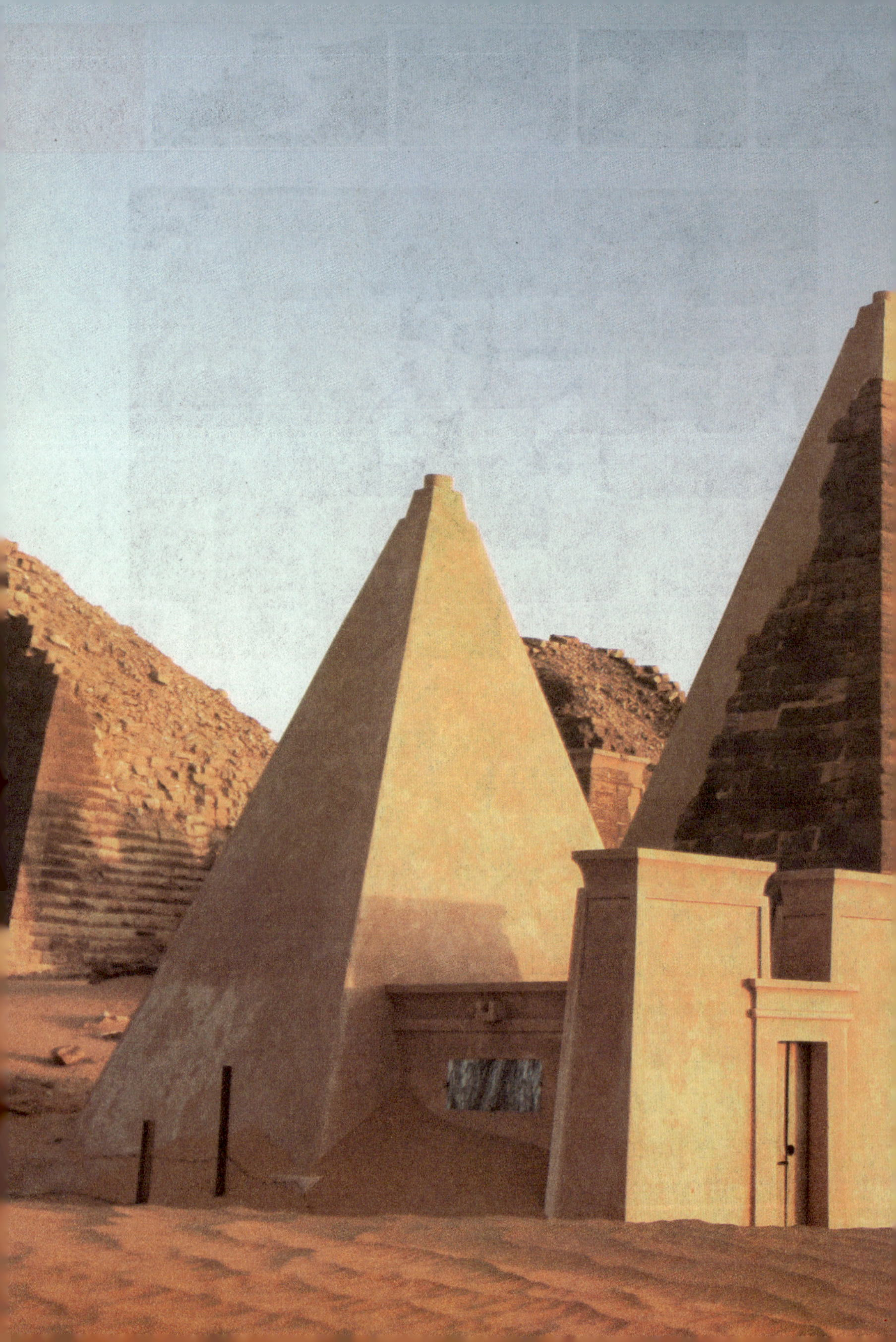

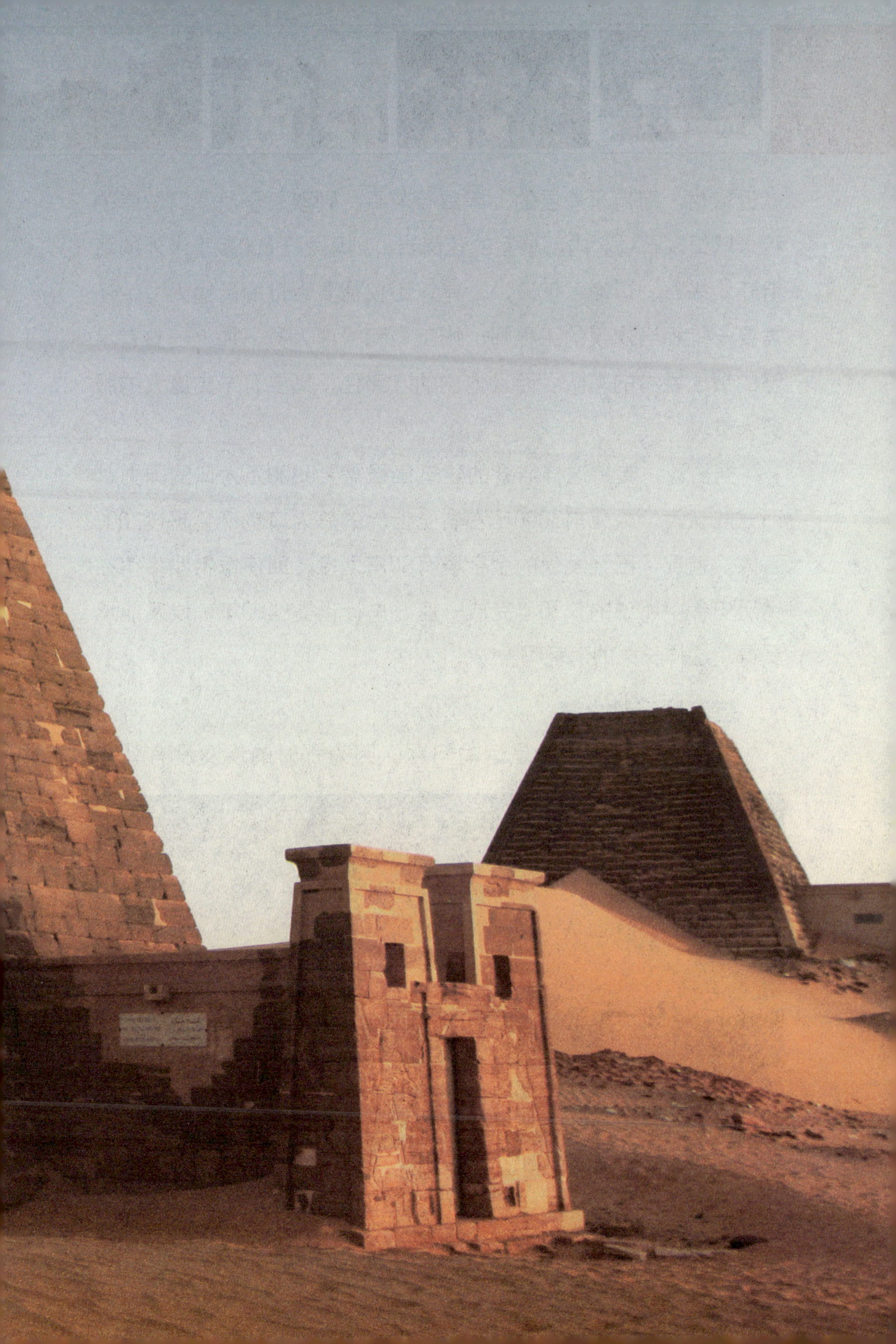

就近取材。而用于外层的上等白石灰石，则取之于尼罗河东岸的穆卡塔姆采石场。内部墓室的花岗岩，则取之于800多千米外的阿斯旺。采石、运输、下河、上岸，不仅需要大批的运输人力，还需要一批相当规模的工程师、施工员和管理人员，加上一支有足够的镇压能力的军队。而且他们的吃穿住，又要有一支庞大的服务人员。

据估计，支持这样浩繁的建筑工程需要5000万人口的国力，而一般认为，公元前3000年左右全世界的总人口也不会超过2000万人。何况，已经发现的金字塔有80座之多，即使像希罗多德在《历史》中所说的，30年完成一座，总计也需2400年，埃及能承受得了这样长久的消耗吗？

巨石的运输之谜

最令人匪夷所思的是运输问题。因为那时的埃及没有马和

车，马和车是公元前16世纪，也就是胡夫大金字塔建成后的1000年，才从国外引进的。所以即使有足够的人力，也无法把这2.5吨至160吨的巨石运送到工地。

　　有人认为是用撬板圆木棍运法。但是这种方法需要消耗大量的木材，而当时埃及的主要树木是棕榈，无论是数量、生长速度，还是木质硬度，都远远不能满足运输的需要，而进口木材几乎是不可能的。

　　有人认为是水运法。1980年，埃及吉萨古迹督察长哈瓦斯进行岩心取样，挖到30多米深时，发现了一个至少15米深的岩壁，这可能是埃及第四王朝时开凿的港口。后来，又发现了连通港口的水道。但是，没有滑轮、绞车等起重设备，把这些巨型石块搬

上卸下，而且水面和岩岸至少有15米以上的落差，这比陆地撬运还难。

　　陆运和水运都不行，难道他们空运不成？法国工业化学家从化学和微观的角度对金字塔进行了研究，他认为，这些石块并不

是浑然一体的，而是石灰、岩石、贝壳等物质的黏合物。因为使用的黏合剂有很强的凝固力，所以人们几乎无法分辨出它到底是天然石块，还是人工石块。这似乎可以恰当地解决运输困难的问题。

但是这种杰出的黏合剂，不仅在古籍中没有记载，而且，这

位化学家用了现代化的手段，也还没有分析出来。因此，运输问题，依然是一个不解之谜。

神秘的建筑方法

据说金字塔的设计师和建筑师是历史上的第一个超越时代的天才伊姆·荷太普。他们在没有水平仪，没有动力设备，没有现代化测量手段的情况下，把一块巨大的凸形岩石平整成为52900平方米的塔基，完成了塔基的勘测和施工。这让我们感到非常的惊讶和疑惑。

为了确保金字塔万古长存设计者还不用一根木料，不用一颗铁钉，因为，木质易腐，铁质易锈，都是坚固的隐患。石块与石

块之间没有任何粘接物，然而却拼合得天衣无缝，甚至连最薄最薄的刀片也插不进去。

怎样把石块一层层垒上去，更是一个引人猜想的神秘课题。

有人说是运用一种木制船形工具，利用杠杆原理，将巨石逐步举高，一层一层垒砌而成。但是，能吊起几吨、几十吨乃至100多吨的支架、绳索从何而来？

有人说是运用填沙法，沿着塔基填沙，沙随着塔基升高，充当脚手架，塔成之后，清除沙子。

埃及金字塔是一个下方上尖的方锥体，高146米，塔基呈正方形，边长230米。如果在它的外围围填沙子，形成一个可以运送石块的斜坡，斜坡的角度为30或25度，如果它们的高度也是146米，那需要多少的沙子啊！可是这样多的沙子从哪里来？而且，先填后毁运输量还要增加一倍。

117

有人说是运用填盐法。方法同上用后，只需用水将之溶解，无需搬走，但是，这么多的盐比沙子更不易得。何况，一场暴雨，就会溶掉整个盐坡。

有人认为是运用尼罗河泥砖砌成盘旋斜道，逐层止升，其结果与沙坡相近，只是，泥砖比沙子更不容易取得罢了。

塔北距地面13米处有一个入口，然而塔内有迷宫一般的通道和墓室。墙壁光滑，饰有浮雕。通道有整齐的台阶，脉络一样地向墓室延伸，直至很深很深的地下。墓室另有通气孔通到塔外。

据说死者的"灵魂"可以从这些小孔里自由出入。

奇怪的是，这两条气孔，一条对准天龙座，一条对准猎户

座。这样的墓室已发现三个，而考古学家认为，至少还有4个未被发现，这样精巧的设计和构思，4000年前的古人能完成吗？

最令人感到奇怪的是，考古学家动用现代化的仪器分析了积存4600年之久的灰尘，没有找到蛛丝马迹。

那么，他们用什么照明工具进行雕饰浮雕、清扫墓室，或者搬人同王尸体呢？我们至今尚未找到答案。

神奇的数据巧合

7个数字所显示的精确的等式使考古学家、建筑学家、地理学家、物理学家都谜惑不解。

等式一：(金字塔)自重×10^{15}=地球的重量

等式二：(金字塔)塔高×10亿=地球到太阳的距离1.5亿千米

等式三：(金字塔)塔高平方=塔面三角形面积

等式四：(金字塔)底周长：塔高=圆围：半径

等式五：(金字塔)底周长×2=赤道的时分度

等式六：(金字塔)底周长÷(塔高×2)=圆周率(∏=.3.14159)

谁能相信，这一系列的数据，仅仅是偶然

的巧合？

　　还有延长在底面中央的纵平分线，就是地球的子平线，这条线正好把地球的大陆和海洋平分成相等的两半；金字塔的塔基正位于地球各大陆引力中心；大金字塔的尺寸与地球北半球的大小，在比例上极其相似。因此有人推断埃及人在4000年前就已经计算出了地球的扁率。

　　地球两极的轴心位置每天都有变化，但是，经过25827年的周期，它又会回到原来的位置，而金字塔的对角线之和正好是25826.6这个奇怪的数字。

　　4500年前的古人为何能计算得如此准确呢？

万古长存的原因

　　随着岁月的流，唯有金字塔岿然傲立。其中有什么奥秘呢？把一定数量的米、沙、碎石子，分别从上向下慢慢的倾倒，不久

就会形成3个圆锥体，尽管它们质量不同，但形状却异常相似，他们的锥角都是52度。这种自然形成的角是最稳定的角，人们把它称为"自然塌落现象的极限角和稳定角"。

奇怪的是金字塔正好是51度50分9秒，说明它就是按照这种"极限角和稳定角"来建造的。由于金字塔独特的造型，迫使凌厉的风势不得不沿着塔的斜面或棱角缓缓上升，塔的受风面由下而上，越来越小，在到达塔顶的时候，塔的受风面趋近于零，这种以逸待劳、以柔克刚的独特造型，把风的破坏力化解到最低程度。

磁力线的偏向作用可以使地面建筑，甚至高山崩溃，而这座金字塔塔基正好处于磁力线中心，它随着磁力线的运动而运

动，随着地球的运动而运动，因此，它所承受的振幅极其微弱，地震，对它的影响也就不大了。52度"角"，方锥体的"形"，与磁力线同步运动的"位"，是金字塔稳定之谜。但是，4500年前的古人，怎么知道52度角是稳定角？怎么知道用方锥体来化解沙漠风暴？又怎样知道把庞大的塔基奠定在磁力线中心？这仍然是一个难解之谜。

拓展阅读

英国机器人公司表示，埃及胡夫大金字塔心脏的秘门可能于2012年首次打开，有望从此揭开1872年以来一直困扰考古学家的谜团。由于最近埃及局势不稳，机器人勘察被迫停止。

独特的美洲金字塔

非美两洲的金字塔

据科学家的考察，人类祖先在非洲生活的历史要上溯至200至300万年以前，这是地球上最古老的一块大陆，而人类进入美洲的历史只有一至20000年时间，然而在最古老的大陆和最年轻的陆地上都矗立着许多雄伟壮丽的金字塔。

非洲金字塔主要集中在埃及尼罗河下游两岸河畔吉萨及其以

南的广大地区，被称为世界七大奇观之一。它总共约有70多座，其中以吉萨大金字塔最闻名，又包括3座金字塔，而尤以第四王朝法老胡夫金字塔规模最为壮观，气势最为磅礴。另外两座是哈夫拉金字塔和孟考拉金字塔。

美洲金字塔则密布在墨西哥和中美洲的危地马拉和洪都拉斯等国，其中以墨西哥的太阳金字塔、月亮金字塔、奇钦·伊察金字塔、乌斯玛尔金字塔、帕伦克金字塔和危地马拉的蒂卡尔金字塔、洪都拉斯的科潘金字塔最盛名天下。

多年前，巴西一飞行员又在巴西南部丛林中发现了三座金字塔。1979年美、法两国科学家在考察大西洋海底古建筑群时，意外在西半球百慕大三角海区又发现了一座金字塔。

据科学测定，这座海底金字塔规模比胡夫金字塔还宏伟，边长300米，高200米，塔尖距海面11000米，塔身有两个大洞，海

水飞速穿过洞口，在海面上掀起一股汹涌澎湃的狂澜。

美洲金字塔的独特之处

这些星罗棋布在年轻大陆上的金字塔与古老非洲土地上的金字塔之间有何联系呢？它们之间有何不同呢？它们是在什么年代建造的呢？

人们对此存有不同的看法。其中一种比较普遍的观点认为，美

洲金字塔是当地土著居民在其世代生息的土地上创造的古老文明的杰出象征，它不是外来文化的延伸，更不是外来文化的翻版。

　　根据科学测定和实地考察，史前美洲印第安人是在贫瘠的原始土地上开始其劳动创造，进入人类历史社会的。勤劳的印第安人经过长期的劳动实践和社会发展，凭借其双手和聪颖的大脑创造了灿烂的、独特的美洲文明，金字塔正是这文明的一个代表。

美洲金字塔是古代印第安人的祭神活动中逐步发展起来的。古代印第安人信奉多种自然神，如太阳神、月亮神、雨神、河神、天神等。他们登上高山之巅进行祭奠活动，以示更靠近神灵，而生活在平原、河谷地带的印第安人则在平地建起土丘，在土丘顶端筑起庙宇，以祭祀用。

随着筑坛祭神活动的盛行和发展，神坛的规模也越来越大，逐渐建成为金字塔形，而且建筑艺术也越来越精巧。整个金字塔集中反映出不同时代和地区的古印第安人的政治、经济、文化，并代表了不同时期印第安文化的特点与风貌，与埃及金字塔无共同之处，同时也反映出金字塔是美洲古代印第安人社会的神权中心。

因此，埃及金字塔是空心的，而美洲金字塔是实心台基。此外两者外形上也有差异，一个是四棱锥形，塔身仅一面有入口

处，直通墓穴，而另一个是四棱台形，塔身份成若干截，正面有台阶。

非美两洲的金字塔的共性

但是，被称为"铭记的神庙"的帕伦克金字塔却是一座埋葬帕伦克统治者巴卡尔的墓穴，墓穴结构及其墓葬品反映了美洲金字塔和非洲金字塔的共性。

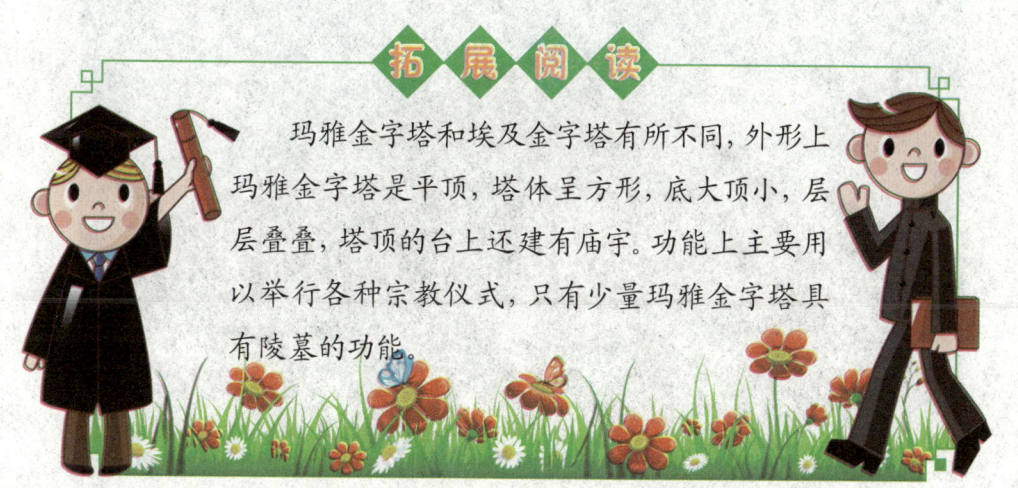

拓展阅读

玛雅金字塔和埃及金字塔有所不同，外形上玛雅金字塔是平顶，塔体呈方形，底大顶小，层层叠叠，塔顶的台上还建有庙宇。功能上主要用以举行各种宗教仪式，只有少量玛雅金字塔具有陵墓的功能。

墨西哥的死亡金字塔

特奥蒂瓦坎古城

墨西哥"众神之城"里的死亡金字塔：特奥蒂瓦坎古城，是印第安文明的重要遗址，位于墨西哥首都墨西哥城北约40千米处，是1世纪至7世纪建造的圣城，有着"众神之城"的美称。

古城遗址长65000米，宽32.5万米，面积21平方千米，估计曾有居民20万，相当于同期欧洲罗马城的规模，是古代西半球乃至全世界最大城市之一。

目前除了已经修复的金字塔和神庙外，只能看到街道轮廓线和莽莽灌木丛淹没的无数土墩，依稀可以窥见昔日的繁华都城的盛景。

　　古城中轴南北干线称"黄泉大道"或"死亡大街"，宽55米，长25000米。全城主要建筑群都布置在大道两旁。黄泉大道是1325年南进的阿兹特克人起的名字。据说当时大军路经这里，看见大道两旁有连绵不绝的棱锥形高台，疑为坟墓，故称此名。

太阳金字塔与月亮金字塔

　　在"黄泉大道"东南，屹立着1910年前后修复的太阳金字塔，四方锥体，分5层，逐层斜缩，总高645米。底边各长222米和225米，占地50000平方米，有65个足球场那么大，略小于埃及金字塔。正面有台阶通到塔顶，上面是平台，曾建有金碧辉煌的神庙，内供黄金装饰的太阳神像。

　　如今塔顶光秃秃一片，因神庙模样难以考证，至今未能复

建。其他三面陡峭平滑，难以攀登。塔身还穿插装饰着用琢磨光亮的素色、彩色或浮雕火山岩石铺镶的图案。塔为实心，以沙土充填，外以巨石封裹，与埃及金字塔的空心陵墓有所不同。

月亮神的月亮金字塔规模稍小，距太阳金字塔1000米。塔基长150米，宽120米，占地18万平方米，也比两个足球场大，它高

43米，也是5层，建筑艺术比太阳塔更为精巧。两塔之间有可容约数万人的大广场，由此可见当年祭祀场面之大。根据推测，太阳塔、月亮塔的建造年代为公1世纪，建筑周期至少50年。

特奥蒂瓦坎古城的消亡

据史料记载，特奥蒂瓦坎古城居民最早出现在公元前800年，

133

至450年，该城全盛时期人口多达20万人。古城逐渐成为宗教、政治、经贸和社会文化的中心。当时的特奥蒂瓦坎城是世界大都市之一。

直至8世纪初，这座古城突然被废弃成为废墟，居民也随之消失。对于特奥蒂瓦坎古城从昌盛走向消亡的原因众说纷纭。一种说法是由于托尔特克人入侵、焚毁所致，居民因此向南迁徙，直至危地马拉的广大地区；另一种说法是因瘟疫流行，居民向北迁移并创造了图拉文化。

最新的研究发现

由墨西哥国家人类学暨历史研究院的鲁文·卡夫雷拉·卡斯特罗和日本爱知县立大学的杉山三郎率领的考古队，在月亮金字塔挖掘出一批既丰富又可怕的墓葬。他们挖掘信道，深入这座43米高的石造建筑，找到了5个墓葬遗址。挖出大部分泥土和残砾之后，每个墓葬遗址都用钢梁加固，以策安全。

可能是双手反绑的战俘或奴隶遭到活埋，他的周围绕着代表神力和武力的动物，有几只美洲狮、一只狼、几只老鹰、一只隼、一只猫头鹰和几条响尾蛇，有些动物是关在笼子里活埋的。随后的每座墓葬虽然各不相同，但是目的都是相同的，杉山说："为了控制人民、让他们乖乖听统治者的话，人祭非常重要。"

拓展阅读

在建筑学上，金字塔指角锥体建筑物。著名的有埃及金字塔，还有玛雅金字塔、太阳金字塔、月亮金字塔等。相关古文明的先民们把金字塔视为重要的纪念性建筑，如陵墓、祭祀地，甚至是寺庙。

木乃伊的水晶起搏器

发现水晶起搏器

埃及作为考研学家的天堂，有着挖掘不尽的丰富宝藏，吸引着无数的科学工作者投身其中，揭开一个个谜题。世界闻名的古埃及木乃伊不仅数目众多，而且保存完好，这实在让世人为之惊叹。

随着一项项工作的展开，一具具木乃伊的出土，一个个新的问题层出不穷，一件件令人震惊、难解的蹊跷事也不断涌现出

来。而现在又有人发现，在卢索伊城郊外出土的一具木乃伊里，装有一个奇特的心脏起搏器，这个发现让整个世界为之震惊。

在埃及卢索伊城郊外，人们将一具刚出土的木乃伊抬出墓穴，对其进行初步处理。这时一名参与处理工作的祭司觉得这具木乃伊存在某些不同的地方，于是他就仔细地检查眼前的木乃伊。

令他吃惊的是，他听到这具木乃伊发出的一种有节律的声音。他循着声音找去，发现是从心脏发出来的，仿佛是心脏跳动的声音。难道是这个死者的心脏在跳动吗？他对此感到难以置信。那么是什么东西被藏到了这具木乃伊的心脏里了吗？

人们一时无法知道，因为他们还不敢去拆开那缠满白麻布的尸体进而揭开这一谜底。他们立即组织人将其原封不动地送到了地方诊所，随后，它被转送到了具有丰富经验的开罗医院。

接到这具转送来的木乃伊之后，开罗医院组织了一些经验丰富的专家对其进行检查，然而，他们仍然无法从尸体的表面查清声音存在的原因，于是进行解剖检查。医生们对尸体进行解剖后，发现在尸体心脏的附近有一具黑色的起搏器。

这个能在2000年后仍然跳动的黑色起搏器引起了医生们的极大兴趣，他们利用先进的仪器对其进行了测试，发现这个起搏器是用一块含有放射性物质的黑色水晶制造的。在世界上现存的水晶中，人们从未见到过黑色的水晶，而只见过白色的和少数浇红色的或紫色的水晶。

医生们发现，虽然这个2500年前的心脏早已枯成为肉干，但它还是随着起搏器的韵律而跳动不止。人们可以清楚地听到，它那"怦怦"的跳动很有节奏，每分钟跳动80下。

水晶起搏器的谜团

开罗医院随后将这一重大发现公布于众，并将这个起搏器重新安放到木乃伊体内，让人们前来参观。这一惊人的消息不仅吸引了众多的考古学家和大批电子学家，他们从世界各地纷纷赶到开罗医院，对这具身藏心脏起搏器的木乃伊进行参观、探究。

在2500多年前能懂得黑水晶含有放射性的物质并可以使心脏保持跳动的是些什么人呢？它来自于何处呢？

另外，人们又提出，作为协助心脏工作的心脏起搏器，一定是在人活着的时候被安放到人体内的，那么在古埃及的落后的医学条件下，当时人们又是如何将如此先进的起搏器放入人的胸腔里去的呢？

专家们在这一系列难题面前陷入了深深的思考。

有人认为，在文化发达的古埃及可能在封过一些具有特殊能力的术士，这一历史奇迹就是这些术士利用奇异的手段创造出来的。

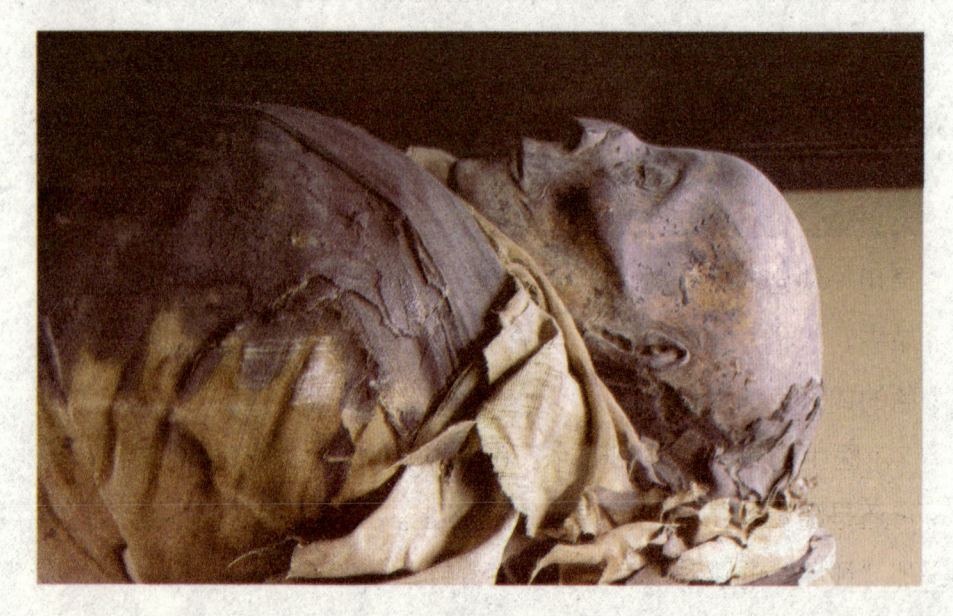

那么，这个黑色的水晶起搏器是由什么人制造并植入人体内？它到底来自何处呢？这个难解之谜只能留待后人来解开了。

拓展阅读

水晶骷髅头是由石英石打造完成的人头骨模型。据说水晶头骨有催眠功能，如果让一个人紧盯着水晶头骨的眼睛处，不多时人便会感觉昏昏欲睡，传说头骨是古代玛雅人为病人做手术时催眠病人用的。

扑朔迷离的亚历山大墓

神秘人物亚历山大大帝

古代亚历山大帝国的伟大统帅亚历山大大帝，是古代马其顿国王菲烈特二世的儿子。他于公元前336年即位后，便率兵大举侵略东方。

在短短的10余年里，东征西伐便把东起印度河、西至尼罗河与巴尔干半岛的广阔的土地划归为自己的版图。

　　在战场上亚历山大大帝曾是一位赫赫有名的英雄，但同时在生活上又是一位神秘人物。

　　有关他的传说很多很多。但遗憾的是在他生前的一些历史记载中却没有留传下来多少，而后来的一些传抄本多为民间口传，与一些史籍中的记载又矛盾重重，而且带有极浓重的传奇色彩。

　　因此，就是在他死后2300多年的今天，这位古代伟大统帅的业绩仍令人们十分关注。但对于他生前的一切，由于历史的久远，人们无法得到更多，所以一些考古及历史学家都把希望寄托在对这位大帝的陵墓的发掘上。

　　可是人们到现在也没有发现这位不可一世的帝王陵墓，以求从出土文物中获得一些有价值的证据的人们，到如今仍然只是等待。

1964年的一天，埃及亚历山大市的报纸发表了一则耸人听闻的消息："马其顿国王亚历山大的陵墓找到了！这是波兰考古学家们的巨大成就！"

　　消息很快传遍了全世界。美国《纽约时报》立刻给波兰考古队发了一封电报，希望就这一伟大的发现写篇文章，并给予优厚的稿酬。

各国记者也争先恐后地飞抵埃及。同时，大批旅游者的涌进使得埃及警方十分地紧张。可惜，好像是历史与人们开了一个玩笑，这消息竟然是假的。

原来发现的并不是亚历山大的陵墓，而是古罗马时期的一座剧院的遗址，是波兰考古专家出的差错，把人们引向了歧途。那么这位著名的历史人物的陵墓究竟在哪里呢？他又是怎么死的？

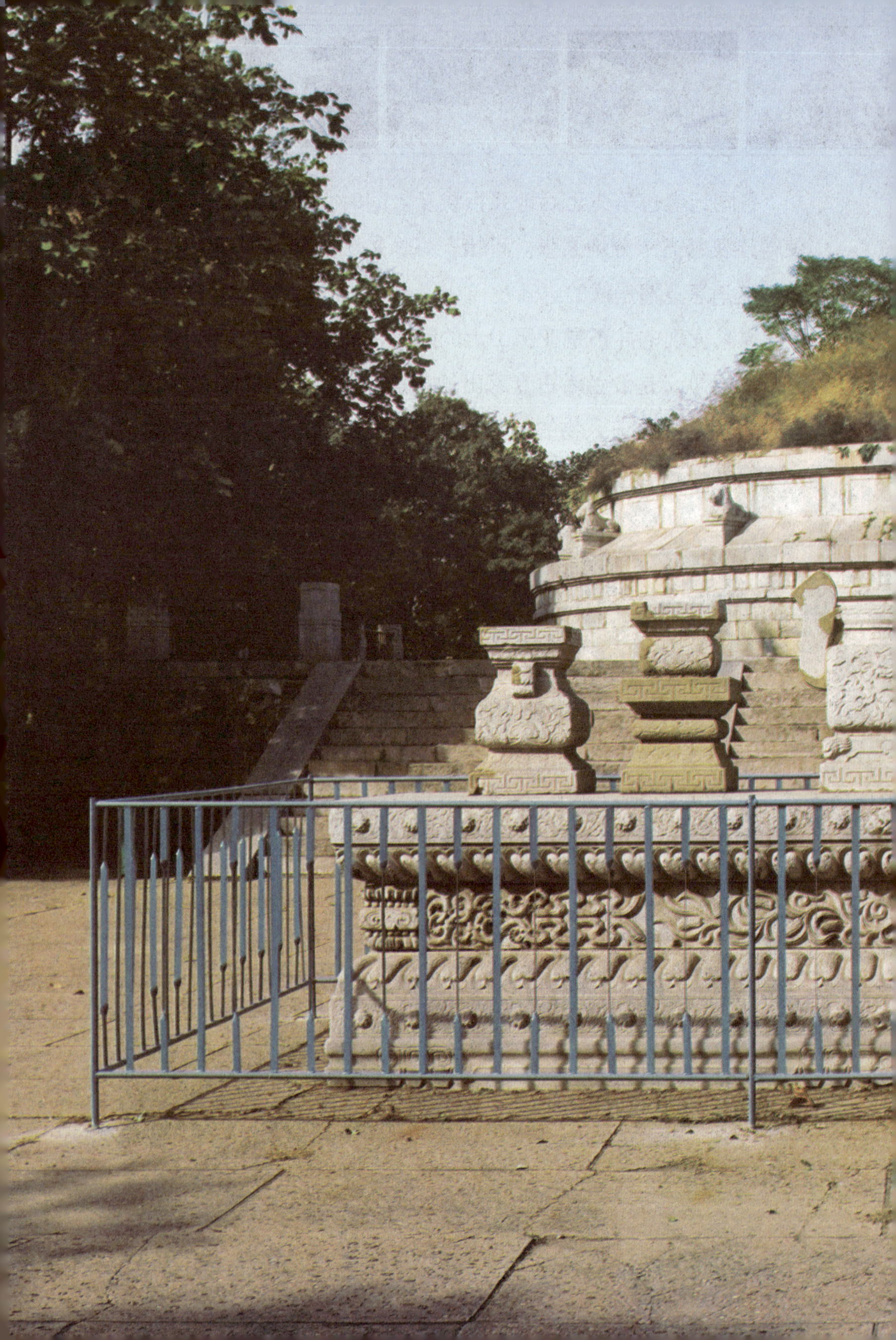

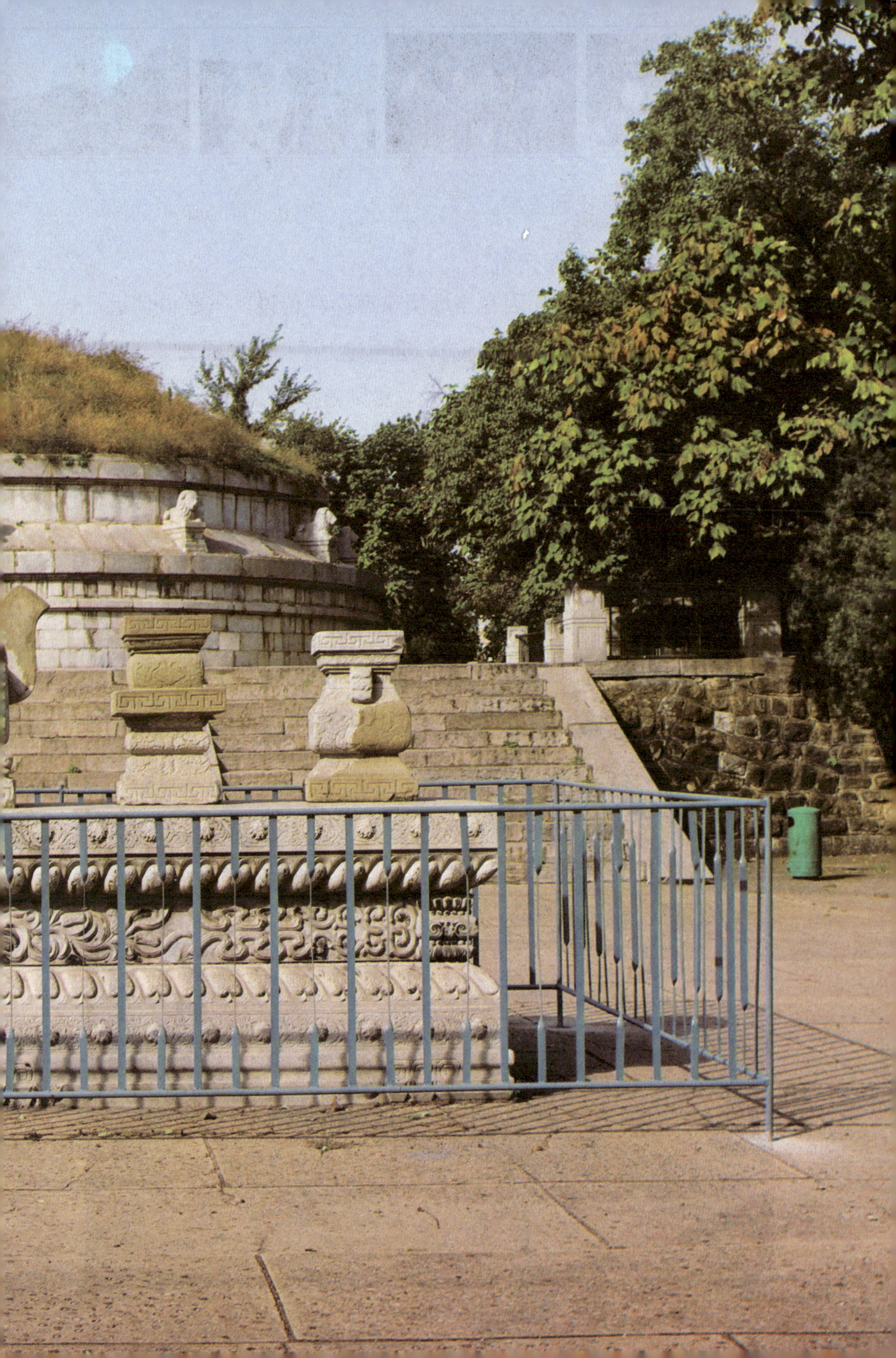

这一谜团仍没有找到答案。

亚历山大的死因传说

关于亚历山大的死因在当地历来有两种传说。一是说他远征印度时在距离巴比伦不远的地方，迎面碰上了一些精通天文和占卜的祭司，他们劝告他不要去巴比伦，否则凶多吉少。

虽然，他没有停止前进，但此后他人却变了一个模样，心情阴郁表情冷漠。

有一次，他驾驶着战舰在湖泊上游时。突然刮来一阵风，把他的帽子吹走，掉在芦苇丛中，正好落在古亚棕国王的墓上。

这一现象使亚历山大本人以及所有的人都认为是很不吉利的。

再加止去追赶帽子的水手，在泅水回来时，竟大胆地把它戴在

自己头上，这就更加强了不祥之感。

亚历山大恼怒了，当即把这个水手杀了。不久，亚历山大身患重病。13天后，终于在公元前323年6月，32岁的亚历山大，当了20个月的国王，便在一个傍晚逝世。

对于大帝的死，有人说这是一种巧合罢了。因为大帝的死很可能是由于行军路上的艰辛，加之经过多次作战，弄得遍体伤痕，在沼泽地里又感染上了疟疾等原因造成的。

另一个传说是：亚历山大之死是因为在宴会上有人往他的酒杯里下了毒药。

如果这个传说是真的，那么亚历山大就不是自然死亡，而是死于阴谋。

探寻亚历山大帝的陵墓

亚历山大大帝是古代马其顿国王，亚历山大帝国皇帝。世界古代史上著名的军事家和政治家。他在横跨欧、亚的辽阔土地上，建立起了一个西起希腊、马其顿，东到印度河流域的以巴比伦为首都的庞大帝国。创下了前无古人的辉煌业绩。

然而，越是名声显赫的历史名人，其墓藏越是难以寻找，这简直成了一条令考古学家头痛的神秘规律。作为当年叱咤风云、不可一世的历史人物，有关亚历山大大帝的陵墓墓地究竟在何处，始终是考古学家们迫切希望破解的谜团。

　　据考证，公元前323年，亚历山大在巴比伦逝世后，他的朋友和部队将领之一托勒密用灵车把他的遗体运往埃及，最后安葬在他亲手规划的亚历山大城，并建立起一座富丽堂皇的陵墓。后来罗马人占领亚历山大城时，凯撒大帝曾经拜谒过亚历山大陵墓，并决心建立像这位英雄那样的伟大业绩。

　　可是在此以后，关于亚历山大陵墓之事就变得无声无息了。

　　1798年，拿破仑军队占领这里时还可以见到不少古代废墟。到了19世纪初，这里修建了海港，经济有了发展，使亚历山大城很快就变成了地中海一带极其重要的贸易中心。

如今考古学家们来到了这座古城的废墟上，开始了对亚历山大陵墓的寻找和挖掘工作。然而令人奇怪的是，就在这一片古代废墟上，人们历经多年的努力却始终找不到神秘的亚历山大陵墓，这不能不说是个谜。

拓展阅读

亚历山大大帝在东征的过程中，沿途建了许多新城，有好几座是以他自己的名字命名的，最著名的是埃及北部沿海的亚历山大城，今天已经发展为埃及最大的海港城市。

豪华的奈费尔塔里王后陵

美丽的奈费尔塔里

奈费尔塔里是伟大的拉美西斯二世的妻子，这个美丽的皇后中文有许多译名。奈费尔塔里一词的意思是"最美丽的人"，无怪乎她是拉美西斯二世国王最宠爱的妃子。

拉美西斯一生共有8位正妻，其中奈费尔塔里是第一个，显然也是最受拉美西斯宠爱的一个。

很多人认为，拉美西斯二世娶奈费尔塔里为妻是为了能更好地巩固他的王位。因为，拉美西斯家族并非正统的底比斯王族之裔，他们是来自三角洲地区的统治者。而奈费尔塔里可能是底比斯王族的后裔。他们的结合将使拉美西斯二世拥有正统的王族血统。

但是，从现有的资料来看，奈费尔塔里可能不是王族的成员，因为在她的名字上没有出现过诸如"国王的女儿"之类的称呼。

也有可能的是，奈费尔塔里是底比斯王族某个偏妃的孩子，所以，名字上没有出现王族的记号。

豪华的奈费尔塔王后陵

奈费尔塔里去世时，这位伟大的法老便为她在王陵谷修建规模堪称最大、最为豪华的陵墓。3个墓室的墙上都贴着壁画，它反映了埃及人所相信的死后再生时的富饶、繁华的天堂生活。其中许多画保存完好，仿佛是昨天才刚刚画就的。

墓室内经过修复的经过修复的精美壁画，让奈费尔塔里的墓

成为古埃及文明的一颗明珠。可是，盗墓者盗走了奈费尔塔里王后的木乃伊及其佩戴的许多珠宝。

奈费尔塔里的神秘身世

关于奈费尔塔里的身世，历史学家有两种不同说法。

一种说法认为她是继承图坦卡蒙的法老艾的孙女，另一种说

法则说她是底比斯世袭贵族之女。不管那种说法是正确的，我们知道至少奈费尔塔里出身高贵。

对来自下埃及三角洲地区的拉美西斯家族来说，娶一位家世辉煌的上埃及名门之女，是得到占统治阶层大多数的底比斯贵族拥护，并巩固在上埃及势力的有效方法。

严格来说，拉美西斯和奈费尔塔里这对少年夫妻的婚姻，开始于政治目的。而奈费尔塔里出乎意料的惊人魅力和智慧，才真正征服了拉美西斯的心。

奈费尔塔里在拉美西斯继位前，约15岁左右和他结婚，并给他生育了第一位王子。

在后来的岁月里，她又给拉美西斯生了至少3个儿子和两个女

儿。

　　根据壁画中显示，奈费尔塔里有许多称谓，其中包括"最受宠爱者"，"魅力，甜蜜和爱的拥有者"，"上下埃及的女主人"，"法老的正妻"，"受穆眷顾者"，这一切都显示了法老对奈费尔塔里的宠爱程度。

拓展阅读

　　王后谷陵墓群位于埃及岩石山西边，距帝王谷不远。王后谷陵墓群内有90多座王朝的王后、王妃、王子和公主的墓群，是埃及以及世界历史学者研究和考察古埃及历史的珍贵宝藏。

图书在版编目（CIP）数据

古城堡的复活记 / 赵喜臣编著. -- 长春：吉林出版集团股份有限公司，2013.10
（图解世界地理 / 刘厚凤主编. 第2辑）
ISBN 978-7-5534-3283-0

Ⅰ. ①古… Ⅱ. ①赵… Ⅲ. ①城堡－世界－青年读物 ②城堡－世界－少年读物 Ⅳ. ①K916-49

中国版本图书馆CIP数据核字(2013)第226551号

古城堡的复活记

赵喜臣 编著

出 版 人	齐 郁
责任编辑	朱万军
封面设计	大华文苑（北京）图书有限公司
版式设计	大华文苑（北京）图书有限公司
法律顾问	刘 畅
出　　版	吉林出版集团股份有限公司
发　　行	吉林出版集团青少年书刊发行有限公司
地　　址	长春市福祉大路5788号
邮政编码	130118
电　　话	0431-81629800
传　　真	0431-81629812
印　　刷	三河市嵩川印刷有限公司
版　　次	2013年10月第1版
印　　次	2020年5月第3次印刷
字　　数	118千字
开　　本	710mm×1000mm 1/16
印　　张	10
书　　号	ISBN 978-7-5534-3283-0
定　　价	36.00元

版权所有 翻印必究